书与你

[英] W.S.毛姆 著

刘文荣 译

文匯出版社

图书在版编目(CIP)数据

书与你 / (英) W.S. 毛姆 (William Somerset Maugham) 著; 刘文荣译. —上海: 文汇出版社, 2017.7
ISBN 978-7-5496-2145-3

Ⅰ.①书… Ⅱ.①W… ②刘… Ⅲ.①随笔—作品集—英国—现代 Ⅳ.①I561.65

中国版本图书馆 CIP 数据核字(2017)第 118878 号

书与你

著　　者 / [英] W.S. 毛姆
译　　者 / 刘文荣

责任编辑 / 陈今夫
封面装帧 / 陆震伟

出版发行 / 文匯出版社
　　　　　上海市威海路 755 号
　　　　　(邮政编码 200041)
经　　销 / 全国新华书店
排　　版 / 南京展望文化发展有限公司
印刷装订 / 启东市人民印刷有限公司
版　　次 / 2017 年 7 月第 1 版
印　　次 / 2017 年 7 月第 1 次印刷
开　　本 / 787×1092　1/32
字　　数 / 70 千
印　　张 / 4.75
印　　数 / 1－6000

ISBN 978-7-5496-2145-3
定　　价 / 19.00 元

目 录

前 言

3　我不能用二三流的东西来浪费读者的时间
5　我谈到的书都有可读性
7　为什么我谈到美国文学时语调有所不同
10　补充说明：三部英国小说
11　特罗洛普的《尤斯塔斯钻石》
14　梅瑞狄斯的《利己主义者》
18　乔治·艾略特的《米德尔马奇》
21　补充说明：关于诗选《人之精神》

第一篇　英国文学

25　读书应该是一种享受

30 笛福的《摩尔·弗兰德斯》

32 斯威夫特的《格列佛游记》

34 菲尔丁的《汤姆·琼斯》和斯特恩的《项狄传》

37 包斯威尔的《塞缪尔·约翰逊传》

39 约翰逊博士的《诗人传》

41 吉本的《自传》

43 狄更斯的《大卫·科波菲尔》和勃特勒的《众生之路》

45 简·奥斯丁的《曼斯菲尔德庄园》

47 赫兹利特的《桌边漫谈》

49 萨克雷的《名利场》和艾米莉·勃朗特的《呼啸山庄》

51 最好的三本诗选

第二篇 欧洲大陆文学

57 《堂吉诃德》

59 《蒙田随笔》

62 歌德的《威廉·迈斯特》

65 屠格涅夫的《父与子》

67 托尔斯泰的《战争与和平》

70 陀思妥耶夫斯基的《卡拉马佐夫兄弟》

73　跳读是个好方法

75　法国的散文艺术硕果累累

77　德·拉·法耶特夫人的《克莱芙王妃》

79　普雷沃神甫的《曼侬·莱斯戈》

81　伏尔泰的《老实人》

83　卢梭的《忏悔录》

85　巴尔扎克的《高老头》

87　司汤达的《红与黑》和《巴玛修道院》

89　福楼拜的《包法利夫人》

90　贡斯当的《阿道尔夫》、大仲马的《三个火枪手》和法朗士的《珍珠贝盒》

92　普鲁斯特的《追忆似水年华》

94　希望我推荐的书使你感兴趣

第三篇　美国文学

99　我想谈的是最富有美国特性的作家

101　我认为畅销书不一定是杰作

102　我坚决主张为娱乐而读书

104　美国没有天才作家，但有不少优秀作品

106 富兰克林的《自传》

108 十九世纪三位最杰出的美国作家

109 霍桑的《红字》

113 梭罗的《瓦尔登湖》

115 爱默生的《论文集》和《英国人的性格》

119 爱伦·坡的诗歌和短篇小说

122 亨利·詹姆斯的《美国人》

126 麦尔维尔的《白鲸》

129 马克·吐温的《哈克贝利·费恩历险记》

132 帕克曼的《俄勒冈的小路》

133 艾米莉·狄金森的诗歌

136 惠特曼的《草叶集》

前　言

我不能用二三流的东西来浪费读者的时间

  我曾应《周末夜读》杂志①之约,写过三篇文章。由于许多读者希望这三篇文章能以较为持久的形式予以收藏,同时也为了使当时没有在杂志上读到的人得以一读,现在将这三篇文章结集出版。

  我写这三篇文章时受到限制,每篇只能写四千字。我虽然超出了不少,但我还是不可能不用你将看到的那种简略的方式来写这三篇文章。实际上,这三篇文章中的每一篇都可以写成一大本书,但我的目的仅仅是要为一些面对众多经典名著而不知其中哪些是最重要的读者开列一张书单,从而使他们愉快地阅读他们应该读的那些书,并从中获益。

  所以,由于受篇幅限制,我不得不略掉了许多有价值

---

① 《周末夜读》,以刊载小说为主的英国文学周刊。

的名著。对每一位我选中的作家,我通常也只能选出他们的一本书作为"代表作",而有许多作家,譬如简·奥斯丁、狄更斯、萨克雷、巴尔扎克和陀思妥耶夫斯基,他们每人其实都有好几本书是有资格出现在我开列的书单上的。

此外,我还必须剔除一些相当优秀的作家,譬如夏洛蒂·勃朗特①,因为我没有篇幅来谈还算不上一流的作家。还有像艾萨克·瓦尔顿②的《文人传》和詹姆斯·摩莱尔③的《伊斯帕恩在海吉巴巴的历险》这样有趣的书,我也完全省略而只字未提;因为除了真正一流的杰作,我不能用二三流的东西来浪费读者的时间。

这就像要我引导一位虽有很大兴趣、但没有多少时间的朋友去看古代雕像。我当然不能带他去看古罗马雕像——尽管它们很有价值;我也不能带他去看古罗马以后的雕像——尽管它们很有趣味。我只能把他直接带到古希腊黄金时期④的雕像面前,让他把所有时间用来观赏一流的杰作。

---

① 夏洛蒂·勃朗特,19世纪英国女作家,"勃朗特三姐妹"之一,代表作《简·爱》。
② 艾萨克·瓦尔顿,17世纪英国小品、传记作家,《文人传》为其代表作,内容包括约翰·堂恩等五位诗人和宗教家的传记。
③ 詹姆斯·摩莱尔,19世纪初英国外交官、小说家。《伊斯帕恩在海吉巴巴的历险》是以流浪汉为主角的小说,描述波斯的风俗人情,颇具异国情调。
④ 古希腊黄金时期,即公元前5世纪雅典城邦时期。

我谈到的书都有可读性

　　这本书的篇幅虽然很小，但我相信，读者不会觉得它肤浅。我在写这三篇文章时并不认为自己是评论家——我确实不是评论家——甚至也不认为自己是作家（如果这样认为的话，我对文学的兴趣就会有特殊倾向），而是把自己视为一个通情达理的普通人。

　　所以，我推荐的书，首先要有可读性。因为我希望读者真的会去读这些书，而文学研究者和评论家往往会以自身为标准，认为凡是有价值的书就有可读性，好像这是理所当然的。其实，并非如此。许多在文学史上很有价值的作品，现在除了给专业人员作研究，普通人根本不会、也不用去读。因为，生活在繁忙的现代社会，大多数人除了读自己感兴趣的书，很少有人会读无关紧要的书，以此消磨时间。因此，我要在此声明，我在后面谈到的书是大多数人会感兴趣的，因而都有可读性。

不过，我说有可读性，并不是说你一点不用心也能读下去。你必须对你周围的事物很关心，必须对世界和人类的过去和将来感兴趣，还必须要有一定的想象力。我听许多人说，他们觉得小说读不下去。我觉得这不外乎有那么几个原因：有些人心里只想着几件对自己有切身利益的事情，对其他事情一概漠不关心，这些人其实是画地为牢；或者，有些人对自己的生活也没有什么热情，当然就不可能对发生在他人身上的事情感兴趣了；要不就是，有些人毫无想象力，既不能感受小说人物的欢乐，也不能体会小说人物的悲哀——既然不想了解他人，也就不会同情他人。如果你对他人既无好奇心，又无同情心，那你确实是一本书也读不下去的。

一本书有可读性，即意味着书里有什么东西和你有关，这是可读性的一个重要方面，而且和你的兴趣成正比；你越有兴趣，可读性就越大。我相信，只要你稍有兴趣，我推荐的书大体上都是你会喜欢的，而且会使你产生共鸣，因为这些书里蕴含着我们人人都很熟悉的普遍人性。

为什么我谈到美国文学时语调有所不同

你可能会注意到,我在那篇谈美国经典文学的文章中所用的语调多少和另外两篇有所不同;对此,我想应该说明一下。

当我谈到英国文学和欧洲大陆文学时,经典作家那么多,经典作品那么丰富,我所做的就是把一般人都会同意的杰作指出来并推荐给读者就行了。如果有哪本书不够资格称为杰作,我根本就不用提它。但是,谈到美国文学时,情况就不一样了。美国文学的历史很短,如果用欧洲的标准加以衡量,那么有资格被称为经典作家的人可能不会超过四个。这样我就没有什么话可说了。而若我提到一个作家,并对你说:"这个作家很值得注意,因为他是美国人。"那也似乎太荒唐了。

时至今日,既然美国文学已经确立,我们就应该不抱偏见地对它加以同样的关注①。我要你用自己的眼光去看待他们的作品，不必考虑权威人士的意见。我在这里重申我在第一篇文章中表达过的观点：一本书对你有没有意义，唯一的要点是它对你有没有用；你的看法即使和全世界所有人都不同也没关系，因为只有你自己的看法对你才是有用的。

遗憾的是，凡遇到和艺术有关的事情，尤其是在美国，一般人总是心甘情愿地接受专家和批评家的所谓论断，就如遇到和政治有关的事情，他们总是表示反对。然而，在讨论艺术问题时往往没有谁是谁非可言，读者和他所读的书之间的关系，就像神秘主义者和他所信奉的神之间的关系一样自由，一样私密。文学上的权威主义，无论何种形式，都是可憎可恨的。因为别人对某本书的看法和自己不合而看不起别人，这样的愚蠢行为也是不可原谅的。还有在文学鉴赏方面自我炫耀，也非常令人厌恶。所以，即使所有最有名望的批评家对某本书一致予

---

① 美国独立后，虽然很快在政治上被承认是独立国家，但在文化、艺术、文学等方面却迟迟不被承认有其独立地位。尤其是英国人，仍把美国的文化、艺术和文学视为是英国文化、英国艺术和英国文学的一个分支。直到20世纪20年代后，美国才在这些方面逐渐获得独立，人们(包括英国人)才逐渐承认美国有独立的文化、艺术和文学。毛姆写此文时，正是在这过程中。

以好评，而只有你一个人不以为然，你也不要觉得不好意思。不过，对你没有读过的书，你最好还是不要发表意见。

现在，回过头来再说美国文学。由于美国文学历史很短，没有多少经典，因而有些作家很容易就出了名，他们的作品为读者所器重，而我觉得，这些作家有名不副实之嫌，他们的作品不值得那么器重。我还觉得，时至今日，美国人已毫无必要再怀着爱国之心来偏爱美国作家了，他们应该以世界公民而不只是美国人的身份对本国的伟大艺术家作出适当评价。

补充说明：三部英国小说

当时限于篇幅,有三部小说我在谈英国文学的那篇文章中只提了一下书名。为了满足我自己的愿望,我想在这里就这三部小说谈上几句。这三部小说是特罗洛普①的《尤斯塔斯钻石》、梅瑞狄斯②的《利己主义者》和乔治·艾略特③的《米德尔马奇》。

---

① 特罗洛普,19世纪英国小说家,生前很有名,去世后被人遗忘,20世纪初又重新出名。
② 梅瑞狄斯,19世纪英国小说家、诗人。
③ 乔治·艾略特,19世纪英国女作家玛丽·安·伊文斯的笔名。

特罗洛普的《尤斯塔斯钻石》

当初我写那篇文章时,已多年没有重读这三本书了。后来我又把它们读了一遍。我当初建议你读特罗洛普的《尤斯塔斯钻石》,而不是他最著名的《巴切斯特城堡》,因为《尤斯塔斯钻石》是一部独立完整的作品。至于《巴切斯特城堡》,我认为要真正欣赏它就得把整个系列的小说都读一遍①,否则是很难弄清楚人物动机及其行为后果的,而根据我提出的既有趣又有益的读书宗旨,特罗洛普又算不上是那么重要的作家,值得你去读他的六大本用小字印得密密麻麻的系列小说。此外,我记得《巴切斯特城堡》里有许多近似漫画的描写,这些描写可说是维多利亚小说的一种特色,现在读来是令人生厌的。但是,当我重读了《尤斯塔斯钻石》之后,我觉得你最好还是去读那

---

① 《巴切斯特城堡》是六部系列长篇小说《巴赛特郡纪事》中的第二部。

部更有名一点的《巴切斯特城堡》,尽管它有这样那样的小缺点。

《尤斯塔斯钻石》可当作一本侦探小说来读,有两个很巧妙的悬念设计,只是写得实在太长。从特罗洛普写出《尤斯塔斯钻石》后,到现在,我们已掌握了许多写这类小说的技巧。同样这些内容,现代作家只需用三百页的篇幅照样能写得很出色。

特罗洛普

特罗洛普对人物的刻画虽然很精细,但是这些人物并不十分有趣,他们无非就是维多利亚时代的小说中常出现的那些老面孔。这部小说给你的印象是,特罗洛普希望像狄更斯那样写出能使读者轰动的作品,只是没有成功。书中最有人情味的人物是莉奇·尤斯塔斯,但特罗洛普显然对她极为反感——至少他希望读者对她反感——所以对她处理得很不公正。就像律师在法庭上大肆威吓犯人反而会使你不顾犯人的罪行而同情他一样,你也会觉得莉奇这个人其实也不比别人坏多少,作者是大可不必对她大加鞭挞的。但是,尽管如此,这部小说读起来却很流畅,对维多利亚时代古老的英国习俗感兴趣的人,从中还可得到很大的乐趣。这也算是对它的一种赞许吧。

我虽然劝你读《尤斯塔斯钻石》不如读《巴切斯特城堡》,但我必须说明,要是期望过高,那是要失望的。特罗洛普的成就近年来多少有点被人夸大了。这是因为曾有一代人几乎把他完全忘了,但当他重新被发现后,由于相隔已久而产生的那种出土文物似的魅力,人们又给了他过分的赞誉。他是个老实而勤奋的"小说匠",有相当敏锐的观察能力。他有使人动情的天赋;他的小说结构固然松散,却还能用流畅的文笔写出流畅的故事来,只是他既缺乏激情和机智,又没有深刻的见解。他没有能力用一句话揭示人物性格,或者点明事件的重要含义。他现在之所以使人感兴趣,只是因为他质朴、准确而真挚地描绘了一种早已消逝的社会风貌。

梅瑞狄斯的《利己主义者》

五十年前,凡自认为有文学修养的年轻人都热衷于读梅瑞狄斯的书,就像继他们之后的一代年轻人读萧伯纳的书、十年前的年轻人读艾略特①的书一样。现在,我敢肯定,在年轻人中间已经很少再有梅瑞狄斯的读者了。然而,他的《利己主义者》却是一部出色的小说。

当然,对梅瑞狄斯所描绘的那个社会阶层,我们不会像他那样懔然敬畏;我们也不会承认那些乘着四轮马车来来往往的乡村绅士和肥胖的贵妇人是社会中坚,倒会觉得他们庸俗无聊,因为从梅瑞狄斯从事创作的那个时代到现在,世界已经大大地改变了。

这部小说中的克莱拉·米德尔顿是个有自由思想和大笔家产的姑娘,容易冲动,当她发现自己已不再爱威罗

---

① 指 T.S.艾略特,20世纪初美裔英国诗人,代表作《荒原》。

比·帕特恩爵士后,就想和他解除婚约,于是大惊小怪地把事情弄得纷纷扬扬①。放到现在,她是很难触动我们的。现在的姑娘遇到这种事,轻而易举就把它处理掉了;加上现在我们都要求小说写得合乎情理,所以对于那种只要有点常识就能避免的所谓困境,我们只会觉得不耐烦。克莱拉最后决定逃到伦敦去,她慌慌张张溜出家门,直奔火车站,但是途中遇到一场暴雨,把脚踏湿了,没赶上火车,最后又被劝说回家。一般认为,机智是女性的特点,而克莱拉连一点小小的机智也没有表现出来。说来奇怪,她怎么会没想到,结婚是需要添置衣服的,正好可以作为去伦敦的借口,这是谁也不会感到意外的。

梅瑞狄斯的文体又使他的书读起来很艰涩。他那种玩弄文字技巧、跳跃回旋的风格简直令人厌烦。你会觉得他好像没法简单明了地写出一句简单明了的话来,所以他自己似乎颇为得意的机智锋芒也就丧失殆尽

梅瑞狄斯

---

① 威罗比·帕特恩爵士和克莱拉·米德尔顿是《利己主义者》里的男女主人公。

了。不过,他却有一种才能,那就是他能创造出活灵活现的人物,使你久久难忘。这些人物和《白鲸》①等小说里的人物不同,并不超过真实的人,但又比平常人要奇特一些。他们有康格里夫②喜剧人物的那种不自然的地方,却又不显得死板;梅瑞狄斯用他自己的活力赋予他们生命。他们别有情趣,就像霍夫曼③怪诞小说中那些由魔术师赋予生命的木偶一样。他们是真正的创造物,只有真正的小说家才能创造出来。所以,当你读梅瑞狄斯的小说时,尽管他的文笔闪闪烁烁,他的社会准则虚浮不当,他的构思有时也很拙劣,但你仍会读得津津有味。这全靠他在小说中注入的那种活力。他让故事自然展开,用他富有创造性的力量和热情奔放的节奏冲天而上,把你带到空中,并在那里翱翔。

说《利己主义者》是梅瑞狄斯最出色的小说,是因为它的主题具有普遍性。利己主义是人性的主要因素。这是我们唯一无法逃避的因素(虽然它极其丑恶,但我不愿称它为罪恶,因为它也是美德的动力),就是它决定了我们的生存。如果没有它,我们便不会是现在这样子。如

---

① 《白鲸》,19世纪美国小说家麦尔维尔的长篇小说。
② 康格里夫,18世纪初英国剧作家。
③ 霍夫曼,19世纪初德国浪漫派小说家,以怪诞小说闻名。

果没有它，我们便不会存在。但是，我们又必须时时努力抑制它，因为只有竭尽全力控制住它，我们才能平平安安地生活。梅瑞狄斯通过威罗比·帕特恩爵士这个人物描绘出一幅利己主义者的绝妙画像。我想，没有一个人读了这本书而不感到一点良心不安的，如果他看不到自己身上至少有些地方也像威罗比爵士一样既丑恶又可笑，那他就是个比威罗比爵士更加彻头彻尾的利己主义者。梅瑞狄斯说得对，他这个可怜的主人公不是这个人或那个人，而是我们每一个人。所以，我建议你读《利己主义者》，因为它不仅是一部生动有趣的小说，而且还可能有助于你认识自己。

乔治·艾略特的《米德尔马奇》

现在我要谈谈《米德尔马奇》。如果仅仅就一部小说而言,《米德尔马奇》似乎比我刚才谈到的两部小说都要好。它是一件尽善尽美的艺术精品。

乔治·艾略特

这是很不容易的,因为乔治·艾略特没有以某一社会阶层的某一群人而是以不同阶层的一群群不同的人作为小说的描写对象,所以她为你描绘的这幅图画中,既包括靠米德尔马奇镇周围的以地产为生的地主,也包括居住在那里的从事各种职业的人,如店主和商贩等。她不像其他许多小说家那样,只要你关注两三个人的命运,好像他们就代表了现实生活,他们之外的世界是无关紧要的;

不是的，她要你关注的是构成我们这个世界的各种各样的富人和穷人的命运；而且她还用精湛的技巧把发生在他们之间的形形色色的故事安排得井井有条。她不像那些想写结构复杂的小说而又缺少技巧的作家那样，使你的兴趣集中到某一批人物身上后，当要你转向另一批人物时，会让你觉得别扭；不是的，她使你同等地对所有人物都感兴趣，而她从这一批人写到另一批人时，你也觉得非常自然，就像我们在现实生活中从这方面的人转向另一方面的人那样。这就使她小说显得特别真实。虽然故事是从乔治四世在位时就开始了，但我们觉得，我们所知道的生活就是那样的。人物——书中人物众多——都非常自然；乔治·艾略特对人物的观察又很精细，所以个个都是独具风格的活生生的人。

然而，乔治·艾略特缺乏激情，所以她不能像梅瑞狄斯那样创造出天马行空式的人物（我忽然想到，这倒可以为克莱拉·米德尔顿竟然没有想到嫁妆作出合理解释，因为"天马"是无需考虑嫁妆的）。乔治·艾略特冷静、准确、同时又不无同情地看待她的人物。她的小说主人公不比我们崇高，坏蛋也不比我们坏。她那样深入地刻画人物，不但使我们能像旁观者那样看到他们,而且使他们自己也能看到自己的真实面目,所以即便是那个卡索朋先生[①],也不仅仅是可恨,还很可怜。乔治·艾略特的人物有现代气质,他们不只是纠缠在个人情感中;他们关心政治,对当时的各种问题都感兴趣;他们还像我们一样思考经济问题。他们有感情,也有头脑。总之,他们在很大程度上是和我们一模一样的。

总结我对《米德尔马奇》的看法,我想说的就是:乔治·艾略特具有伟大小说家的所有天赋,唯独缺少火热的激情。确实,在充分而合理地解释生活方面,没有一个英国作家能和她相比,但在她理智而富有同情地观察生活时,她却偏偏忽视了生活中的浪漫因素。

---

① 卡索朋先生,《米德尔马奇》中的重要人物。

补充说明:关于诗选《人之精神》

在结束这篇前言之前,我还想弥补一个疏漏。我在"英国文学"那篇文章中谈到诗选时,忘了提到罗伯特·勃里奇斯①选编的《人之精神》。

有个批评家在评论我的那篇文章时说,我不该把《牛津英诗选》列出,因为他认为那部诗选并不好。我不同意他的看法,但我承认《牛津英诗选》的后半部分确实选了一些不怎么好的诗。这是不可避免的;任何选本都说明选编者判断力。一般说来,在选收历代作家的作品时,选编者大多是有把握的,但在选收当代作家的作品时,他们便犹豫不决了。因为当代作家的作品尚未受到时间的考验。今天使我们感动的作品,会不会继续感动下一代人,这是谁也不敢保证的。

---

① 罗伯特·勃里奇斯,19世纪初英国桂冠诗人。

但是，如果谁对《人之精神》还想挑剔一番的话，那他一定是个苛刻的批评家。这部诗选非常鲜明地体现了选编者的个人趣向，其中所选的每一首诗都是按他的趣向选定的。由于罗伯特·勃里奇斯学识渊博又有个人见地，同时还非常崇尚美，所以他选入了不少普通读者不太熟悉的冷门作品。这是一部高雅而有吸引力的诗选。

最后，让我用约翰逊博士[①]给施雷尔女士[②]的一封信里的一句话，作为本文结束语。他说："不读书的人不经常思考，所以也不经常有话可说。"

[①] 约翰逊博士，即塞缪尔·约翰逊，18世纪英国文豪、批评家、散文家、词典编纂家。
[②] 施雷尔女士，约翰逊博士的亲密女友。

第一篇
英国文学

读书应该是一种享受

一个人说话时①,往往会忘记应有的谨慎。我曾在一本名叫《总结》②的书里,就一些年轻人提出的关于如何读书的问题说了几句话,当时我并没有认真考虑,后来我便收到各种各样读者的来信,问我究竟提出了怎样的看法。对此,我虽然尽我所能给予答复,但在私人信件里却又不可能把这样的问题讲清楚。于是我想,既然有这么多人好像很希望得到我能提供的指导,那么我根据自己有趣而有益的经验,在此简要地提出一些建议,他们或许是愿意听的。

首先,我要强调的是,读书应该是一种享受。是的,有时为了对付考试,或者为了获得资料,有些书我们不得不读,但读那种书是不可能得到享受的。我们只是为增进知识才读它们,所希望的也只是它们能满足我们的需要,至多希望

---

① "一个人说话",意即写作。毛姆认为,写作就是一个人自说自话。
② 《总结》,毛姆的一部回忆录。

它们不至于沉闷得难以卒读。我们读那种书是不得不读,而不是喜欢读。这当然不是我现在要谈的读书。我要谈的读书,它既不能帮你获得学位,也不能帮你谋生;既不会教你怎样驾船,也不会教你怎样修机器,却可以使你生活得更充实。只是,要想得到这样的好处,你必须喜欢读才行。

我这里所说的"你",是指在业余时间里想读些书而且觉得有些书不读可惜的成年人,不是指本来就钻在书堆里的"书虫"。"书虫"们尽可以想读什么就读什么。他们的好奇心总是使他们踏上书丛中荒僻的小路,沿着这样的小路四处寻觅被人遗忘的"珍本",并为此觉得其乐无穷。我却只想谈一些名著,就是那些经过时间考验而已被公认为一流的著作。一般认为,这样的名著应该是人人都读过的,令人遗憾的是,真正读过的人其实很少。有些名著是著名批评家一致公认的,文学史家也长篇累牍地予以论述,但现在的一般读者却没有时间也没有兴趣去读了。它们对文学研究者来说是重要的,只是随着时间和兴趣的转移,它们原来的诱人之处已不再诱人,所以现在要读它们,是很需要有点毅力也需要花一番功夫的。举例说吧,我读过乔治·艾略特[①]的《亚当·比德》,但我没法从心底里

---

① 乔治·艾略特,19 世纪英国著名女作家,《亚当·比德》为其代表作。

说,我读这本书是种享受。我读它多半是出于一种责任心,坚持读完后,才不由得松了口气。

关于这类书,我不想说什么。每个人自己就是最好的批评家。不管学者们怎么评价一本书,不管他们怎样异口同声地竭力颂扬,除非这本书使你感兴趣,否则它就与你毫不相干。别忘了,批评家也会出错,批评史上许多明显的错误都出自著名批评家之手。你在读,你就是你所读的书的最后评判者,其价值如何就由你定。这道理同样适用于我向你推荐的书。我们各人的口味不可能完全一样,只是大致相同而已。因此,如果认为合我口味的书也一定合你的口味,那是毫无根据的。不过,我读了这些书后,觉得心里充实了许多,要是没读的话,恐怕我就不会是今天的我了。所以,我对你说,如果你或者别人看了我在这里写的,于是便去读我推荐的书而读不下去的话,那就把它放下。既然它不能使你觉得是一种享受,那它对你就毫无用处。没有一个人有这样的义务,一定要读诗歌、小说或者任何纯文学作品(纯文学,法语是belles-lettres,我不知道英语怎么说,恐怕没这个词)。他只是为了一种乐趣才去读这些东西。谁又能要求,使某人觉得有趣的东西,别人也一定要觉得有趣?

请不要以为,享受就是不道德。享受本身是件好事,享受就是享受,只是它会造成不同后果,所以有些方式的享受,对有理智的人来说是不可取的。享受也不一定是庸俗的和满足肉欲的。过去的有识之士就已发现,理性的享受和愉悦,是最完美、最持久的。养成读书的习惯确实使人受用无穷。很少有什么娱乐,能让在你过了中年之后还会从中感到满足;除了玩单人纸牌、解象棋残局和填字谜之外,几乎没有什么游戏,你可以单独玩而不需要同伴。读书没有这种不便;也许除了做针线活——可那是不大会让你安下心来的——没有哪一种活动可以那样容易地随时开始,随便持续多久,同时又干着别的事,而且随时可以停止。今天,我们很幸运地有公共图书馆和廉价版图书,可以说没有哪种娱乐比读书更便宜了。养成读书的习惯,也就是给自己营造一个几乎可以逃避生活中一切愁苦的庇护所。我说"几乎可以",是因为我不想夸大其词,宣称读书可以解除饥饿的痛苦和失恋的悲伤;但是,几本引人入胜的侦探小说再加一只热水袋,确实可以使任何人对最严重的感冒满不在乎。反之,如果有人硬要他去读他讨厌的书,又有谁能养成那种为读书而读书的习惯呢?

为了方便起见,我将按年代顺序来谈我要谈的书。不过,要是你有意读这些书的话,我也没有理由一定要你照着这个顺序读。我想,你最好还是随你自己的兴趣来读,我甚至都不认为你一定要读完一本再读另一本。我自己就喜欢同时读四五本书。因为我们的心情毕竟天天都在变化,即便在一天里,也不是每小时都热切地想读某本书的。我们必须适应这样的情况。我当然采取了最适合我自己的办法。早晨开始工作前,我总是读一会儿科学或者哲学方面的著作,因为读这类书需要头脑清醒、思想集中,这有助于我一天的工作。等工作做完后,我觉得很轻松,就不想再进行紧张的脑力活动了,这时我便读历史、散文、评论或者传记;晚上,我看小说。此外,我手边总有一本诗集,兴之所至就读上一段,而在我床头,则放着一本既可以随便从哪里开始读、又可以随便读到哪里都能放下的书。可惜,这样的书很少见。

笛福的《摩尔·弗兰德斯》

在我的书单上,第一本书就是笛福①的《摩尔·弗兰德斯》。没有一个英国小说家能写得比笛福更为逼真;确实,当你读这本书时,你很难觉得自己是在读小说,而更像是在读一篇完整的报道。他使你相信他的人物就是像他写的那样说话的,他们的举动是那样合乎常理,以至于你无法怀疑他们在那种环境里就是那样行动的。《摩尔·弗兰德斯》不是一本道德说教的书。它是喧闹的、粗俗的、野蛮的,但我认为它具有英国人性格中的那种活力。

笛福的想象力不太丰富,幽默感也不够,但他拥有丰富的、多方面的生活经验。他是个出色的记者,对各种各样古怪的事件都能用敏锐的目光加以仔细观察。他没有

---

① 笛福,18世纪英国小说家,其《鲁滨孙漂流记》被认为是欧洲第一部小说,因而他也被认为是"欧洲小说之父"。

高潮观念,也不想精心结构;所以读者不是被一股无法抗拒的力量席卷着,而是像随着人群一路徜徉,当走到某个街口时,可能会自顾自地走掉了。说得清楚一点,读者读了一两百页后就会觉得读够了,因为读到的东西都是大同小异的。这没什么关系。不过,我是很愿意跟随作者的,一直跟着他把那粗野的女主人公驯服,最后还让她带着忏悔之情进入体面的上流社会。

笛 福

斯威夫特的《格列佛游记》

接下来我希望你读一读斯威夫特①的《格列佛游记》。我在后面要谈到约翰逊博士②,这里我只想提一下,他在讲到这本书时曾说过:"只要你能想出巨人和小人来,其他一切就算不了什么了。"约翰逊博士是个杰出的批评家,以富有才智而出名,但他的这句话却是胡说。《格列佛游记》里有机智和讽刺,有巧妙的构思、出色的幽默感、泼辣的讥嘲和充沛的生命力。

斯威夫特的文笔也精妙绝伦,至今还没有人能像他这样,

斯威夫特

---

① 斯威夫特,18世纪英国政论家、小说家。
② 约翰逊博士,18世纪英国批评家、词典编纂家。

使用我们这种笨拙的语言①,却写得如此简洁、明快而自然。我想,约翰逊博士当初若能把评价另一个作家的话用到斯威夫特身上就好了,他曾说:"任何人若想把英文写得既通俗又不粗鲁、既优雅又不浮华,就必须刻苦研读艾迪生②的著作。"除了这两对形容词,他还可以加上第三对——既雄辩又不傲慢。

---

① "我们这种笨拙的语言",指英语。
② 艾迪生,17世纪末、18世纪初英国著名散文家。

菲尔丁的《汤姆·琼斯》和斯特恩的《项狄传》

下面,再谈两部长篇小说。菲尔丁①的《汤姆·琼斯》也许是英国文学中最遒劲有力的长篇小说。这是一本豪爽、勇敢和欢快的书,刚毅而宽宏;当然,也很率直。汤姆·琼斯容貌出众,精力过人,作为朋友,我们每个人都会喜欢他的,只是他做了一些使道德家感到不愉快的事。但谁会管它呢?除非我们是一本正经的道德家,否则是不在乎的。我们只知道汤姆·琼斯既不自私,心地还很善良。菲尔丁和笛福不同,是个自觉的艺术家;他的小说结构有利于他描绘一系列互不相干的事件,也有利于塑造大批人物。这些人物生活在一个熙熙攘攘、纷乱不堪的现实世界里,他们形象鲜明,富有活力。菲尔丁写

---

① 菲尔丁,18世纪英国小说家。

作很认真——当然,作家都该如此——所以,他对许多重要问题都觉得有必要提出他自己的看法。所以,在这部小说每部分的开端,总有一篇评论文章,对这样那样的问题发表议论。这些议论有时很幽默,有时又很严肃。不过,我觉得即使把它们统统跳过不读,也不会影响对小说的欣赏。此外,我想说的是,不会有人读《汤姆·琼斯》而不感到愉快的,因为这是一本富于男子气的好书,书中没有半点虚伪,而且会使你怦然心动。

菲尔丁

斯特恩①的《项狄传》,则是一部性质完全不同的长篇小说,可以用约翰逊博士评述《查尔斯·格兰逊爵士》②的话来说明这本书:"如果你是为了故事而读它,那你宁愿去上吊。"不过,这要看你的性格如何,你或许会觉得它比你读过的任何一本小说都有趣,也可能会觉得它沉闷之极,矫揉造作。这部小说既不协调又不连贯,而且枝蔓横生,但它却具有奇妙的独创性,幽默诙谐,很有感

---

① 斯特恩,18世纪英国感伤派作家。
② 《查尔斯·格兰逊爵士》,18世纪英国小说家理查生的作品。

斯特恩

染力。书中五六个极有个性的人物非常可爱,你一旦认识他们,便会觉得不认识他们是一种不可弥补的损失,而认识他们,则可以增加你的精神财富。

斯特恩的另一部小说《感伤的旅行》,我想你最好不要漏读了。不过,我除了能说它读起来很吸引人之外,别的就没什么可说了。

包斯威尔的《塞缪尔·约翰逊传》

我们暂且搁下小说,来看看别的。我想包斯威尔①的《塞缪尔·约翰逊传》是一部已得到公认的最伟大的英语传记。不管你是什么年龄,读这本书总会觉得趣味盎然,而且获益匪浅。你不论什么时候拿起它,随便从哪一页读起,都会读得津津有味。不过,这么说实在是多余的,因为它早已出名,用不着今天再来赞扬它一番。我还是谈谈包斯威尔的另一部著作吧,它不太出名,而且我认为人们对它也有欠公正。那就是包斯威尔的《赫布雷德群岛游记》。大家可能都知道,包斯威尔的手稿一向是由马隆负责编辑的,而他认为《赫布雷德群岛游记》写得不够典雅;为了迎合当时的典雅风尚,他便自己动手对这部著作进行删改,结果反而把许多精彩的章节都删掉了;后

---

① 包斯威尔,18世纪英国散文家、传记作家。

包斯威尔

来,伊沙姆上校买下了包斯威尔的手稿,才使未经删节的新版本得以问世。这本书既可使你进一步了解约翰逊,又可使你进一步了解包斯威尔;它会使你更加仰慕那位健壮刚毅的老博士,又会使你更加尊敬这位备受屈辱而可怜巴巴的传记家。他是个不该受轻视的作家,他能敏锐地观察到有趣的事情,深刻地领悟新颖活泼的妙语,而且还有一种独特的天赋,能把各种气氛不同的场景或者一席富有情趣的谈话生动地再现出来。

约翰逊博士的《诗人传》

约翰逊博士是巍然雄踞于十八世纪英国文坛的人物,他瑕瑜并存的性格被公认为是英国国民性的典型代表。可以说,我们几乎人人都读过他的传记,而且对他的了解甚至多于对许多和我们朝夕相处的人,但在我们当中,读过他本人著作的人其实并不多。他至少

约翰逊博士

有一部著作是非常耐人寻味的。以我所见,在假日里或者在床头,最好的读物就是他的《诗人传》。此书写得清新有力、妙趣横生,简单实用的常识随处可见。虽然他的有些见解会使你吃惊——譬如,他认为格雷①的

---

① 格雷,17世纪英国墓园派诗人,长诗《墓园哀歌》为其传世之作。

诗味同嚼蜡,对弥尔顿①的《列西达斯》也不加称许,等等——但你仍然会兴致勃勃地读下去,因为他所写的一切都体现出他的个性。他对自己所论述的那些诗人和对他们的诗作一样感兴趣。所以,读着他对那些诗人的犀利、生动、宽容的描绘,你即使没有读过他们的一行诗,也同样会觉得趣味盎然。

---

① 弥尔顿,17世纪英国大诗人,长诗《失乐园》为其传世之作。

吉本的《自传》

我接着想谈到一本书,但不免有些犹豫,因为我前面说过,我在这里谈到的都是读了能使人生变得更充实的书,而我虽然喜欢吉本①的《自传》,却又不得不说,这本书即便不读也不会有多大的损失。当然,是会错过一种很大的乐趣的,但我如果因此而把这本书提出来的话,我觉得用不同的标准可以提出许许多多算不上杰作的作品,那就需要专门来写一章了。

不管怎么说,吉本的《自传》确实很好看,它篇幅不长,文笔

吉　本

---

① 吉本,18世纪英国历史学家、散文家,《罗马帝国衰亡史》为其传世之作。

优美异常,这是他驾轻就熟的技巧;整本书写得既严肃又幽默。说到幽默,我忍不住想举个例子:吉本在瑞士洛桑时坠入情网,但他父亲不同意,还威胁要剥夺他的继承权。他经过慎重考虑后,放弃了自己心爱的人。他在叙述了这段经历后,最后写了这样一段话:"作为情人,我叹息;作为儿子,我服从;我的创伤,由于时间、分离和新的生活习惯,便不知不觉地痊愈了。"我想,就凭这段妙语,这本书也值得一读。

狄更斯的《大卫·科波菲尔》和勃特勒的《众生之路》

现在,由于要谈到两部伟大的小说,我想放弃到此为止我大致遵循的年代顺序。这两部小说是狄更斯的《大卫·科波菲尔》和勃特勒①的《众生之路》。我这样做,不仅因为这两部小说在英国长篇小说的伟大传统中占有重要地位,而且联系到前面简略谈及的作品,我认为这两部小说充分体现了英国文学的特色。也许除了《项狄传》②是个例外,上述所有作品都具有雄浑、率直、幽默、遒劲的特点,我认为这是民族性格的表现。所有这些作品都没有特别机敏之处,甚至是不太精致的。它们是行动者的文学,而非沉思者的文学。它们富有常识,有点多愁善感,充满浓厚的人情味。

---

① 勃特勒,19世纪后期英国小说家、批评家。
② 《项狄传》,18世纪英国伤感主义小说家斯特恩的作品。

狄更斯

关于《大卫·科波菲尔》我不用多说,它是狄更斯最好的长篇小说。在这本书里,狄更斯的缺点几乎看不到,而他的优点却表现得非常突出。继勃特勒的《众生之路》之后,虽然还有许多长篇小说问世,但是我觉得它是最后一部纯英国风格的长篇小说。在具有相当价值的作品中,它是最后一部没有受法国和俄国小说家影响的作品。它是《汤姆·琼斯》的正统继承者,而从它的作者身上,我们仍可以看到那位被称为典型的英国人的老词典编纂家①的气质。

---

① 指约翰逊博士。

简·奥斯丁的《曼斯菲尔德庄园》

现在我回头来谈谈简·奥斯丁①。我不想称她为英国最伟大的小说家;狄更斯尽管有夸张、庸俗、拖沓和感伤等缺点,但仍是最伟大的。狄更斯心胸开阔,他不仅仅描写我们熟知的世界,还创造了另一个世界。他的作品有悬念,有戏剧性,又有幽默感,使人感受到生活的纷繁和变幻无穷,而这些,据我所知,除他之外只有一个小说家也做到了,那就是托尔斯泰。狄更斯以他充沛的生命力塑造了一系列人物,形形色色而且各具个性,他们动荡不定——不,不是动荡不定,而是在生活中骚动不安。他以惊人的技巧处理复杂的、往往使人难以相信的故事,竟然讲得有条不紊。对于这种技巧,除非你自己也是个小说家,否则是很难知其高深的。

---

① 简·奥斯丁,19世纪初英国女作家,小说《傲慢与偏见》为其传世之作。

简·奥斯丁

然而,简·奥斯丁却是小巧玲珑的。她的小说世界固然很有限,总是描写那个乡绅、牧师和中产阶级的小天地,但是有谁比她更具洞察力呢?有谁比她更精微、更合理地深入到了人物的内心呢?她不需要我来赞扬。我唯一想提请你注意的是,她其实很有特点,只是因为表现得那么自然,你便以为是平平常常的了。她的小说虽然从总体上说是没有故事性的,因为她总是避开戏剧性事件,但不知何故,你却会一页接着一页地往下读,急切地想知道下文如何。这是小说家最重要的天赋,没有这种才能,他就完了。我想不出还有哪个小说家比简·奥斯丁更熟练地掌握了这种才能。现在使我为难的倒是,在她为数不多的几部小说中应该特别推荐哪一部为好。就我个人而言,我最喜欢的是《曼斯菲尔德庄园》。我承认,小说中的女主人公太一本正经,男主人公也是个自以为是的傻瓜,但我并不在乎;这是一部观察精细入微、充满讽刺和幽默的杰作,写得机智、巧妙,非常感人。

赫兹利特的《桌边漫谈》

谈到这里,我想请你注意一下赫兹利特①。他的名声虽然已被查尔斯·兰姆②淹没,但在我心目中,他是个比兰姆更为出色的散文家。兰姆生性可爱、温柔、机智,认识他的人都喜欢他,所以也容易引起读者的爱慕。赫兹利特却大不一样,他粗鲁、笨拙、嫉妒、好斗,实在不讨人喜欢;但令人遗憾的是,最好的书并不总是由最和蔼可亲的人写出来的。说到底,艺术家的个性才是最关键的。对我来说,较之于查尔斯·兰姆耐心而伤感的和蔼性格,赫兹利特痛苦、叛逆和刻毒的灵魂更使我感兴趣。

作为作家,赫兹利特是有魄力的,是大胆而健康的。他想说的话,都斩钉截铁地说出来。他的散文有血有肉,读起来不像读兰姆的散文那样使人觉得像在品尝一道美

---

① 赫兹利特,19世纪英国散文家。
② 查尔斯·兰姆,19世纪英国散文家。

赫兹利特

味的菜肴,而是像大口大口吃着一顿饱饭。他最精彩的作品大多收在他自编的《桌边漫谈》里,此外还有许多后人为他编的散文选集,而所有这些选集,没有一本是不收他的名篇《初识诗人》的。我认为,《初识诗人》不仅是他的作品中最扣人心弦的,同时也是英国散文中最精彩的一篇。

萨克雷的《名利场》和艾米莉·勃朗特的《呼啸山庄》

现在再谈两部长篇小说——萨克雷①的《名利场》和艾米莉·勃朗特②的《呼啸山庄》。由于篇幅有限,我只能简单地谈一下。当代评论家对萨克雷是颇为苛刻的。也许,他生不逢时,本该生在我们这个时代。若在今天写作,他就不会有那么多清规戒律了,而在当时那个维多利亚时代,小说家无论看到多么严酷的现实,大多是不敢如实描写的。萨克雷的观点是现代的,他深刻地意识到人的平庸,而

萨克雷

---

① 萨克雷,19世纪与狄更斯齐名的英国小说家,《名利场》为其传世之作。
② 艾米莉·勃朗特,19世纪英国女作家,"勃朗特三姐妹"之一。

且执着地探究人性的矛盾。无论你对他的感伤情绪和说教倾向感到多么遗憾,或者对他一味迎合大众口味的软弱性格觉得多么可悲,但事实上,他还是塑造了贝姬·夏普这样一个堪称英国小说中最真实、最丰满和最生动的人物形象。

艾米莉·勃朗特

艾米莉·勃朗特的《呼啸山庄》别具一格。这部小说不太容易读,因为它有许多地方写得太不近情理,简直叫人莫名其妙。尽管如此,它却充满了激情,而且非常感人;它有伟大诗篇的那种深度和力度。读这本书,你会觉得它不像小说,因为读小说无论怎样入迷,需要的话你总能提醒自己说,那不过是作者编出来的故事;《呼啸山庄》却不然,它深深地刺激你,就像你自己在生活中遭到了不幸似的。

还有三部小说,我觉得不读可惜,但在此我只能提一下书名。它们是乔治·艾略特[①]的《米德尔马奇》、特罗洛普[②]的《尤斯塔斯钻石》和梅瑞狄斯[③]的《利己主义者》。

[①] 乔治·艾略特,19世纪英国女作家玛丽·安·伊文斯的笔名。
[②] 特罗洛普,19世纪英国小说家。
[③] 梅瑞狄斯,19世纪英国小说家、诗人。

最好的三本诗选

至此,你一定注意到了,说不定还会觉得有点奇怪,为什么我对诗歌只字未提。我们国家固然没有产生出能与其他国家的大师并驾齐驱的大画家、大雕刻家和大作曲家(这些方面的成就虽则也很可观,却并不怎么卓越),但是如果我声称我们的诗人是绝对一流的,那我敢相信,别人决不会说这是出于民族偏见或者偏狭的爱国主义。然而,诗是文学之花和文学之冠,它容不得凡俗和平庸。我记得埃德蒙·戈斯①曾对我说,他宁愿读平凡的诗,也不愿读普通的长篇小说,他说读诗无需多花时间,也无需集中精力。不过,我对那些光是有韵的东西却不感兴趣,不管它们的格律多么完美。对我来说,诗必须是伟大的,否则就不值一读,还不如读读报纸。我也没法随随便

---

① 埃德蒙·戈斯,20世纪初英国文学评论家。

地读诗。我需要有一定的心情和合适的环境才行。我喜欢在夏天黄昏时分,在花园里读诗;我喜欢坐在悬崖上,面对大海,或者躺在长满青苔的林中斜坡上,从口袋里拿出一卷诗来读。

但是,即便最伟大的诗篇也不免有令人生厌的地方;许多诗人一生写了不少诗集,其中也不过两三首是真正的好诗。我认为凭这两三首诗已足以对他们作出评价了,因此我不愿读那么多而所得却那么少。所以,我喜欢诗选。我知道批评家看不起诗选;他们说,要欣赏某个诗人,就得读他的全部作品。但我并不用批评家的态度来读诗;我是作为一个普通人,为了寻求安慰、丰富生活或者获得安宁才来读诗的。为此,我很感谢那些目光敏锐的学者,他们从浩如烟海的英国诗歌中去芜存菁,正好适合我的需要。据我所知,最好的三本诗选是帕格雷夫的《黄金诗库》《牛津英诗选》和杰拉尔德·布莱特的《英国短诗精华》。不过,我们既然生活在当今世界,对当代诗人的作品也不该忽视。他们总该为我们写出了某些值得一读的东西吧。遗憾的是,我能读到的仅有的一本当代诗选也选得不好,所以我连它的书名也不提了。

当然,每个人都应该读莎士比亚的那些伟大的悲剧。莎士比亚不仅是有史以来最伟大的诗人,也是我们民族的光荣。我很希望,哪位有鉴赏力、有才学和有识别能力的人哪天能编出一本莎士比亚戏剧和诗歌的精选本来,其中除了收入我们大家都该熟悉的那些著名段落外,还把一些精彩片段甚至单行诗句也选入。这样,每当我需要享受一下诗之精华时,便可随手翻阅了。

第二篇
欧洲大陆文学

在第一篇中，我仅限于提及英国作家的作品，它们是说英语的人共有的文化遗产。现在，我要把一些用其他语言写成的书介绍给你。不过，为了让你读起来方便，我仅限于推荐有英文译本的作品。这一限制使我的这份愉快的工作做起来更容易一些，因为我可以撇开诗歌不谈了。

诗歌，除非读原文，否则不如不读。我不是诗人，不敢随便谈论诗歌，但我总觉得，诗歌的美妙很大程度上源于它的韵律，所以不管翻译得多么精巧，至多只能译出一首诗的大概内容；韵律是无法翻译的。也就是说，只有用母语写成的诗歌，我们才能充分欣赏，因为由词语产生的联想，是随母乳、童年、初恋一起形成的。

《堂吉诃德》

所以,我仅限于谈散文作品。首先,我要说的是《堂吉诃德》。这部作品早在十七世纪初就由谢尔顿译成了英文,但他的译文读起来很艰涩,而我是提倡愉快地读书的;所以,我建议你去读由奥姆斯比在一八八五年翻译的那个较新的译本。

我还要提醒你一件事:塞万提斯很穷,他写东西多半是为了挣钱,他写了一些类似短篇小说的东西,就插在《堂吉诃德》里充数。我把这些东西都读了,但是就像约翰逊博士①读《失乐园》②

塞万提斯

---

① 约翰逊博士,即塞缪尔·约翰逊,18 世纪英国评论家、散文家、词典编纂家。
② 《失乐园》,17 世纪英国诗人弥尔顿的长诗。

一样,是觉得应该读而不是喜欢读。所以,如果我是你的话,是会跳过这些东西不读的。在奥姆斯比的译本中,这些东西都用小字排印,大概是为了降低书的成本,因为你读《堂吉诃德》,毕竟是要看堂吉诃德本身——堂吉诃德和他那个忠实的侍从桑丘·潘沙。

堂吉诃德先生忠厚老实、胸襟坦荡,尽管他的荒唐历险可能会使你忍俊不禁(其实,现代人已经不像他的同时代人那样觉得好笑了,因为我们的感情比他们脆弱,觉得作者对他的嘲笑有点残忍,使人笑不起来),你却不仅会喜爱这位"愁容骑士"[①],而且还会对他表示尊敬。如果不是这样的话,那你也太铁石心肠了。他是人类奇想的不朽产物,任何一个心地善良的人都会被他深深打动。

---

① "愁容骑士",堂吉诃德自拟的名号。

《蒙田随笔》

接下来,我还不打算谈到法国文学——因为它拥有大量杰作,还有一部分我至少应该提一提书名,那就可能占用许多篇幅,其他语种的好书就没法谈了——但我想在这里先提到一本法国书,因为它也为我们描绘了一个人的画像;这个人和堂吉诃德截然不同,他会在不知不觉间赢得你的爱慕,而当你一熟悉他,你就成了他的莫逆之交。那就是蒙田[①],他用一系列的随笔给自己画了一幅完整的肖像,不仅画出了他的性格和他的癖好,同时也画出了他的缺点,使你像了解一个朋友一样了解他,甚至比朋友还觉得亲切。而就在你了解他的同时,你对自己的内心也会有所发现。因为在冷静而幽默地描述自己的性格时,他也把探索的目光投向了普遍人性。经常有人说,

---

① 蒙田,16世纪法国作家,以多卷随笔闻名于世。

蒙田是个怀疑论者。当看到事物的两面而无从肯定时,虚心地不作结论当然是最为适宜的。如果这就是怀疑论,那么我想他确实是个怀疑论者。不过,他的怀疑论使他对人对己都很宽容——一种我们今天特别需要的美德——这种宽容来自对人类的兴趣和对生活的热爱,而反过来,只要抱着宽容的态度,我们对自己的生活会更加热爱,对他人的幸福也会更加关心。

蒙　田

蒙田的随笔曾由弗洛里奥用华丽的文笔译成英文。不过,对他那种伊丽莎白时代①的浮华语言不太喜欢的人,会觉得后来由威廉·卡罗·赫兹利特校订过的柯登的译本读起来更加流畅一点。蒙田的随笔不管挑哪一篇来读,你都会觉得趣味盎然,但是如果你想读到他最精彩的随笔,最好是把第三卷都读一遍。这一卷里的随笔都比较长,他那种宜人的闲谈特点也发挥得比较充分。虽然那些随笔的题目相对来说有点一本正经,但随笔本身

---

① 伊丽莎白时代,即 16 世纪,也称莎士比亚时代。

依然妙趣横生。在写那些随笔时,蒙田对随笔这种体裁已驾轻就熟,对读者的兴趣已了如指掌,所以你在那里将领略到他那种不拘一格的随笔精髓。不要看到某一篇随笔的题目就认为你不会对它感兴趣,因为他的题目往往和内容并没有多大关系。譬如,在一篇题为《论维吉尔的几首诗》的随笔中,他谈得最多的却是女人。这是他最有趣的一篇妙文,尤其是其中的有些段落,即便是不太拘谨的人,读了也不免会脸红。

歌德的《威廉·迈斯特》

歌　德

接下来,我想跳过两百年时间①,试着劝你去读一本书——这本书,哪怕是只听说过书名的人,也大多会对你说:它很难读。那就是歌德的《威廉·迈斯特》,曾由卡莱尔②非常忠实地译成了英语。

现在,即使在德国,歌德也被湮没在尘埃中了;因为他想成为世界公民而不是一国臣民,这个观念是和德国当前的统治者③格格不入的。不过,即使在他们上台之前,在德

---

① 蒙田是16世纪作家,后面提到的歌德是18世纪末、19世纪初作家,其间约相隔两百年。
② 卡莱尔,19世纪英国历史学家、散文家。
③ 德国当前的统治者,指纳粹。

国也很少有人读《威廉·迈斯特》。有一次，我在柏林的一个知识分子聚会上表示了对这本书的推崇，引来的竟是极大的惊讶。他们中没有一个人读过这本书，原因是他们听说这本书写得非常枯燥。我请他们自己去读一读。几个月后，我再次遇到了他们中的几个人，很高兴地听他们说，他们读了这本被他们忽视的书之后，心里便不再嘲笑我了。

我认为这是一本非常有趣而且非常有意义的书。它既是最后一部十八世纪感伤主义小说，又是第一部十九世纪浪漫主义小说，同时也是现今各种自传体小说的鼻祖。小说主人公就像大多数自传体小说中的主人公一样意气消沉，没精打采。我不知道为什么要这样。或许是因为我们写到自己时，总认为自己的实际成就和应该达到的目标之间有太大的距离，于是觉得灰心丧气，接着就开始发那种怀才不遇的牢骚，而这样一来，呈现在读者面前的就只能是一个灰溜溜的，而不是神抖抖的角色了。也许，就像我们在一条街上走，总觉得有趣的东西都在街的那一边，我们自己这一边的东西都是平淡无奇的，所以要我们说自己的经历，我们都会说得平淡无奇；好像只有别人的经历才显得新奇，才有罗曼蒂克的动人之处。

也许，就是这个缘故，歌德用一个死气沉沉的主人公串起了一连串的离奇事件；他在主人公的周围设置了许多不寻常的甚至稀奇古怪的人物，把他们作为他自己的代言人，表达他自己对各种问题的见解。《威廉·迈斯特的学习年代》（我不推荐《威廉·迈斯特的漫游年代》，那是一本不堪卒读的书）①既有诗意又很荒诞，既有深刻之处，又有沉闷之处。读到沉闷的地方，我们可以跳过去不读。卡莱尔曾说，这本书是他六年间所读的书中最有教益的，但我要老老实实地补充一句，他又曾说："歌德是一百年来最大的天才，同时也是三百年来最大的蠢驴。"

---

① 《威廉·迈斯特》有两部：一部是《威廉·迈斯特的学习年代》，出版于1795年，一部是《威廉·迈斯特的漫游年代》，出版于1821年。

屠格涅夫的《父与子》

让我们再跳过几十年,来看看十九世纪俄罗斯的三部长篇小说,即屠格涅夫的《父与子》、托尔斯泰的《战争与和平》和陀思妥耶夫斯基的《卡拉马佐夫兄弟》。在这三个作家中,屠格涅夫较不重要,但他是个艺术家,能敏锐地感受到生活中的诗意,而且他很有魅力、同情心和博爱精神。他虽不使人强烈地受到感动,却也不会令人厌烦。《父与子》是他最好的作品,在这部作品中,他首次塑造了现今俄国共产党人的前身——虚无主义者的形象①。说来奇怪,根据不同的政治观点,人们在这部小说的主人公巴扎洛夫身上看出了许多不同的特点,有人说他在我们这个世界制造了极大的混乱,有人却说他为我们开拓了新的生活前

---

① 俄国虚无主义出现于布尔什维克主义(即俄国共产主义)之前,主要特点是对历史和传统一概予以否定,因而被看作是激进的布尔什维克主义的前身。

屠格涅夫

景。巴扎洛夫是个粗暴的人,但他给人的印象却特别深刻,再说他也不是毫无人情味的;他很有能力,只是由于没有行动的机会,所以只能用言论来表现自己,如果给他合适的机会,他是肯定会把自己的大胆设想付诸行动的。他有一种阴暗、可悲的崇高品质。

托尔斯泰的《战争与和平》

关于托尔斯泰,我原先想劝你读他的《安娜·卡列尼娜》而不是《战争与和平》,因为在我的记忆中好像前者比后者更好一点;但是,为慎重起见,我又把这两本书都重读了一遍,现在我可以毫不犹豫地告诉你,还是《战争与和平》更出色。

托尔斯泰在《安娜·卡列尼娜》里虽然描绘了十九世纪后半期俄罗斯社会生活的丰富而生动的图面,但他在故事中掺入了太多的道德说教,读起来很难让人觉得轻松愉快。安娜爱上了渥伦斯基,托尔斯泰对此大不以为然,为了让读者懂得罪恶的报应就是死亡,他便把一个悲惨的

托尔斯泰

结局强加到安娜身上。安娜的死,除了托尔斯泰有意要把她引向死路,没有其他理由可以解释。既然安娜从未爱过她丈夫,她丈夫也从不把她放在心上,她为什么就不可以跟丈夫离婚,改嫁渥伦斯基,从此快快活活地过日子呢?为了把故事引向悲惨结局,托尔斯泰不得不把他的女主人公写得既愚蠢又令人讨厌,既苛刻又不讲情理。虽然我不否认,像这样的女人世上确实很多,但是我对她们因愚蠢而自找的麻烦,实在难以表示由衷的同情。

我原先之所以对推荐《战争与和平》有所迟疑,原因是我觉得它有不少地方写得过于沉闷。战争写得太多,对许多战役的叙述太繁琐,关于彼埃尔①在秘密宗教团体共济会里的经历,读起来也令人乏味。不过,即使把这些东西统统省略掉,这部小说仍不失为一部伟大的作品;它以史诗般的大手笔描绘了整整一代人的成长和发展。故事发生的地点是从伏尔加河到奥斯特里茨的欧洲大陆;众多栩栩如生的人物在这广阔的舞台上亮相;数量惊人的素材被处理得尽善尽美。在有些地方,笔触就像荷兰画派那样细致入微,而在有些地方,却又像西斯廷教堂里米开朗琪罗的天顶壁画那样气势磅礴,令人屏息凝神。

---

① 彼埃尔·别素号夫,《战争与和平》中的主人公。

它写出了人生的纷扰，以及在与决定各国命运的黑暗力量的对照下，个人的卑微和渺小，给你一种不可磨灭的深刻印象。

《战争与和平》确实是一部天才的惊人之作。这部作品的另一个成功之处，对于小说家来说是最难能可贵的，那就是托尔斯泰塑造了一个自然纯朴、活泼可爱的少女形象；她也许是所有小说中最迷人的女主人公[①]；但是，托尔斯泰最后又写出了一种只有最伟大的小说家才能构想出来的奇妙结局：他让你看到，她在幸福的婚姻生活中变成了一个家庭主妇。那个欢快活跃的姑娘变得既琐屑又平庸，而且身体也发胖了。你觉得惊讶，但只要稍稍想一想，马上就会意识到，这种结局是再自然不过了。它最后给这部惊人的小说加上了一个平淡而真实的注解。

---

① 即娜塔莎·罗斯托娃，后嫁给彼埃尔·别素号夫。

陀思妥耶夫斯基的
《卡拉马佐夫兄弟》

　　你一定还记得,我在谈英国文学的时候曾说过,凡是你觉得没有趣味的书,你就没必要读。现在,当我要谈到《卡拉马佐夫兄弟》时,我对自己说过的话又感到犹豫了,因为我不知道这部冗长而深沉的悲剧性作品会不会让你觉得有趣。这要看你的趣向如何了,如果你觉得像海上风暴、森林大火和江河泛滥这类令人惊心动魄的景象很有吸引力的话,那么《卡拉马佐夫兄弟》对你来说一定会很有趣。但我又曾说过,你要读那些不读会觉得可惜的书,或者说读那些会使你的生活变得更充实的书;依此标准的话,我想《卡拉马佐夫兄弟》就理应在我们的书单上占有一席之地,也许还应占据最重要的位置。

　　在所有小说中,除了我们的艾米莉·勃朗特的《呼啸山庄》和美国作家麦尔维尔的《白鲸》,没有哪部作品和陀思妥耶夫斯基的作品相近，而在陀思妥耶夫斯基的所有作品中，《卡拉马佐夫兄弟》又是最震撼人心的一部。你决不能像读那些描写那些你所熟悉的平常人的小说那样去读它。我刚才说到的海上风暴或者森林大火，并非信手拈来的比喻。陀思妥耶夫斯基笔下的人物是和大自然的黑暗势力息息相通的。他们不是平常人；他们充满激情，精神极度紧张，神经极度敏感，而且往往忍受着极度的痛苦。他们在经受上帝的折磨。他们的行为就如疯人院里的疯人，然而就在他们疯狂的语言和疯狂的举止里，却蕴含着极其深刻的意义。你会深深地意识到，他们不仅在极度痛苦地向你作自我表白，同时也在向你揭示人类灵魂的深不可测和神秘可怕。

《卡拉马佐夫兄弟》篇幅很长，结构很不匀称，有些部分写得冗长而且松散。不过，除了后面几章，其他部分是很有吸引力的。虽说有些场面写得可怖可憎，但也有极美的画面。我从未见过这样的小说，它把人性的崇高和卑劣都写得那么出神入化，把个人灵魂的历险及厄运写得

陀思妥耶夫斯基

那么生动有力。陀思妥耶夫斯基对人类苦难深怀哀怜之心,这种哀怜之心只有自己也经受过苦难的人才有。"不要做别人的裁判官,"他说,"要爱怜人,不要害怕人的罪恶,要爱怜有罪的人。"当你合上这本书时,你不会感到绝望,只会感到欢欣鼓舞,因为善之美最终透过恶之丑而闪闪发光。

跳读是个好方法

回头看看前面几段,我发现自己不止一次建议读者使用跳读的好方法。这个建议也许是多余的。我想,大概只有学者才不会跳过蒙田按当时风尚像撒胡椒粉似的撒在随笔中那些拉丁语引文;同样,大概只有最有毅力的读者才会一字不漏地把《卡拉马佐夫兄弟》的最后几章读完。我在读到陀思妥耶夫斯基让辩护人发表长篇演说时就没有认真读,只是粗粗地扫视了一下。

就是我在这里提到书,尽管我认为很重要,值得仔细阅读,但你仍有跳读的权利,而且只要你跳读得合理,读起来会更有趣。趣味是会变的,就是一部了不起的经典杰作,其中的有些部分也会变得令人厌烦。譬如十八世纪津津乐道的道德说教、十九世纪流行一时的景物描写,我们现在都觉得不屑一顾了。还有现实主义兴起后,小说家们全都热衷于细节描写,甚至为描写而描写,直到后来才发现,只有和小说本身有关的细节描写才有必要。懂得怎样跳读,也就是懂得怎样既有趣又有益地阅读;可惜我没法教你怎样跳读,因为我也没有掌握其中的要点。我是个差劲的跳读者;我生怕漏掉可能对我有用的东西,常常会徒劳无益地把不该读的部分也读了,而当我想跳读时,又不知道在什么地方停下来,结果一直跳到了最后一页,这时我心里总是很不满意,觉得这种跳法不对,好像根本就没读过那本书!

法国的散文艺术硕果累累

现在回过头来谈法国文学。在各国文学中,法国文学是最丰富多彩的;美中不足的是,法国的诗人大多是冷冰冰的。不过,法国的散文艺术却硕果累累,其成就无与伦比。法国作家长期以来一直影响着我国作家,这是有目共睹的事实,即使到了最近,法国人在散文写作方面似乎仍然是我们学习的典范。当然,法国有自己的有利条件;它地处欧洲中部,人口众多、生活富裕、文化发达,这些都有利于文学的发展。法国人天生就有朴质、节制和富有理性的性格特点,这些特点较之于诗人对散文作家更加有用,因而很容易产生杰出的才智之士。法语是一种精确和讲究逻辑的语言,运用这种语言,作家能优雅而明晰地表达自己的思想感情,相比之下,英语就显得相当混杂和累赘,原因就在于它还没有把几百年来吸收进来的各种外来语加以同化。法国文学是一个如此丰富的宝库,可惜我篇幅有限,显然只能挑出其中的几本书来谈谈。

德·拉·法耶特夫人的
《克莱芙王妃》

首先,我要你注意一本不厚的书,它叫《克莱芙王妃》,作者是德·拉·法耶特夫人①。这本书出版于一六七八年,文学史家会对你说,它是最早的一部心理小说。当然,它写得很有趣,但说得更恰当一点,它是一部具有现代风格的小说。

小说背景是亨利二世的宫廷,女主人公是个显要而贞洁的贵妇人,她尊敬自己的丈夫,但并不爱他。在一次宫廷舞会上,她遇到了奈莫尔公爵,两人一见倾心。但是,她不愿做出伤风败俗的事情;为了抵制那种使她心神不安的诱惑,她便求助于丈夫,向丈夫坦白了自己对奈莫尔公爵的爱慕之情。她丈夫生性善良而且相信妻子不会

---

① 德·拉·法耶特夫人,17世纪法国女作家。

对他不忠;但是他的性格又很脆弱,不由自主地用妒忌折磨着自己。他于是变得多疑、烦躁而易怒。小说中对他在精神重压下性格逐渐变化的描写,我觉得是我读过的所有小说中写得最自然的。小说里的故事很有吸引力,人物都一心想安分守己,然而在环境的影响下却又无法自制,最后当然是一败涂地。小说的寓意似乎是想告诉你,对人的要求不能过高,不能超过他力所能及的限度。

这本书今天读来特别有意义,因为现在的人大多认为爱情是不顾法律的,好像在任何情况下情欲都要比责任来得重要。

普雷沃神甫的《曼侬·莱斯戈》

我接下来要你读的一部长篇小说,其性质就完全不同了。它是普雷沃神甫①写的《曼侬·莱斯戈》。此书的人物一点不像《克莱芙王妃》中的人物,没有那种敢于面对悲剧处境的崇高灵魂;他们只是些脆弱的、尽干蠢事的凡夫俗子,而我们之所以会同情他们,就是因为我们发现他们的弱点正是我们自己的弱点。这是一部富有人情味的小说。任何初读这本书的人都会觉得趣味盎然。曼侬尽管有种种过错,但她是那么活泼,那么自然,那么可爱;泰格里昂对这个不忠实的女人的坚贞不渝的爱情又是那么令人感动!他是意志薄弱?确实,他意志薄弱。她是坏女人?确实,她是个坏女人。她是淫荡的、势利的、狠

---

① 普雷沃神甫,18世纪法国作家。

毒的，同时又是殷勤的、慷慨的、温柔的；这样的人当然算不上是有德之人，但我想，任何一个男人见到美丽的曼侬都不会无动于衷。

伏尔泰的《老实人》

在此,我还要谈到一部较短的长篇小说——伏尔泰①的《老实人》,但在它不长的篇幅中却包含着无限的机智、幽默、揶揄、理智和趣味。能把这样丰富的内容压缩在这么短的篇幅里,真是前无古人。我们一看就知道,这本书很明显是讽刺当时流行的乐观主义哲学的;这本书就像

伏尔泰

把大片地区变为废墟、使成千上万人因此而丧命的里斯本大地震,把那些一向相信世界是无比美好的大人先生一个个震塌在地。没有谁的头脑能比伏尔泰更包罗万象,

---

① 伏尔泰,18世纪法国启蒙思想家、大文豪弗朗索瓦-马利·阿鲁埃的笔名。

更生动活泼了,就在这部小说中,他用玩世不恭的冷嘲热讽取笑了种种当时仍被认为是神圣的事物,如宗教、政治、爱情、勇气和忠诚等,而小说的寓意(其实并不邪恶)则是:宽容和忍耐才是真正的美德,你要耕耘自己的园地,也就是说,要勤奋而坚毅地做好你必须做的事情。

卢梭的《忏悔录》

我下面要谈到的一部作品极其重要,那就是卢梭[①]的《忏悔录》。我想,这本书是大多数人都会感兴趣的,虽然有一些人觉得它讨厌。如果你认为研究人性比研究其他东西更有意思的话,那你一定会觉得这本书很值得一读。因为就在这里,一个人把自己的灵魂赤裸裸地呈现在你面前。他不像其他人那样,写到自己时往往只是展示自己的一些毕竟还不失为有趣的弱点;他毫不犹豫地解剖自己,让你看到他是怎样一个忘恩负义的、无法无天的、弄虚作假的和卑鄙龌龊的小人。你不可能对他会有半点同情,因为他实在是十恶不赦;然而,就是这个人,他对自然之美却爱得如此深切,他的感情是如此温柔,他的叙述又是如此神奇,因而无论你怎么嫌恶他,他还是会把

[①] 卢梭,18世纪法国启蒙思想家。

卢 梭

你迷住。再说，无论是谁，只要他不是自欺欺人，在听这个意志薄弱的、浮躁而自负的可怜虫作自我忏悔时都会扪心自问："我和他到底有什么两样？要是我把自己内心的真实情况也袒露出来，那些东西我自己看了也会不胜震惊，也会觉得无地自容，那时我还会像现在这样煞有介事吗？"所以，我得预先告诉你，虽然在这个处处不如人意的世界上，自得其乐往往是我们用以应付生活的重要法宝，但是读了这本书之后，你的自得其乐心理多少是要受到一点干扰的。

巴尔扎克的《高老头》

整个十九世纪,法国小说真可谓琳琅满目,美不胜收。最伟大的三个小说家是巴尔扎克、司汤达和福楼拜。我认为,巴尔扎克可以说是全世界空前伟大的小说家。他和我们的狄更斯一样,擅长写异常的人而不是寻常的人,擅长写邪恶的人而不是善良的人,但他的旺盛的创造力和庞大的规模,却是狄更斯望尘莫及的。他旨在于记述他那个时代的社会历史,而且做得相当成功。你读他的小说,不会觉得你所看到的仅仅是一小群人物,而是觉得你看到了整个社会,其中还蕴含着远比个人命运重要的种种意义。我认为他是第一个认识到事件本身的重要性的小说家;他的人物忙于开店或者经商,他们不是发财,就是破产;他虽然也像其他小说家一样把爱情放在一个重要的位置上,但推动他所创造的那个世界运转的真正动力却是金钱。他尽管写得粗糙、过分,而且缺乏高雅

巴尔扎克

的鉴赏力,但他有激情,有活力,他所创造的人物虽然有点夸大和不太正常,却一个个栩栩如生,呼之欲出。有人指责他,说他的小说就像传奇剧,然而我倒想问,既然他写的是一些奇特的人物,那又怎么可能让他们在一个循规蹈矩的平凡世界里活动呢?要表现暴风雨的壮观,必须用高山和大海来烘托。

巴尔扎克的许多长篇小说都写得非常生动有趣,很难说哪一部是最好的。不过,在我看来,《高老头》最充分地体现了他那种富有变化的创造力,所以,我想还是向你推荐它吧。

司汤达的《红与黑》和《巴玛修道院》

司汤达的两部长篇小说,我希望你读一读。首先,当然是读《红与黑》,然后——如果你愿意和我一样的话——读《巴玛修道院》。

我得承认,司汤达是我偏爱的小说家。我喜欢他那种朴质而精确的风格,以及他那种冷静细致的心理分析。他对人的心

司汤达

灵活动可谓独具慧眼。在人的各种品质中,他最崇尚的是精力旺盛,所以在他创造的人物中,他描写得最细腻、最用心的就是那些不怕任何障碍而执意要实现自身愿望的人,或者说那些为了达到自己的目的而不择手段的人。

在我看来,《红与黑》前面三分之二部分是所有长篇

小说中写得最好的,后面三分之一部分相对来说似乎差一点。不过,这是有特殊的原因的。司汤达原先以事实为基础构思这部小说①,但是当他对自己虚构的人物于连·索瑞尔已失去控制时——虚构人物常会如此——他却仍然要求人物的行动和他原先设计的环境相适应,这就使你大为扫兴了,因为你根本就不会相信,那个无情无义、野心勃勃、老谋深算的于连,竟会干出那么一件无知而鲁莽的蠢事!②

---

① 《红与黑》取材于当时轰动法国的"伯尔岱案件":伯尔岱是神学院学生,在做家庭教师期间,想勾引学生的母亲而被赶出;后到另一家庭做家庭神甫,则想勾引这一家的女儿而被告发,而告发他的人就是前一家的那个母亲,于是他一怒之下拿着手枪去杀那个母亲,最终被捕而判死刑。
② 指于连向德·瑞那夫人开枪。

福楼拜的《包法利夫人》

我接着要谈的是福楼拜的《包法利夫人》。这是现代小说史上的一座里程碑。不过,我最近重读了一遍,却不能不觉得福楼拜一心想写得客观,其结果却使这部小说读起来有点生硬和枯燥,而这多少影响了我对他的爱慕,尽管我依然认为这部小说是一部了不起的杰作。小说中的人物描写非常细腻,非常逼真。当你读完之后,你会觉得生活对于那些平凡的人来说是那么残酷无情,因而会深切地、同时不免有点轻蔑地哀怜他们。福楼拜把那些人物展现在你面前,不仅他们本身是如此真实,就是他们忍受的痛苦也如此真实,以至他们已不再是个别的人,而成了人类的典型代表。

福楼拜

贡斯当的《阿道尔夫》、大仲马的《三个火枪手》和法朗士的《珍珠贝盒》

由于篇幅有限,有些不太重要的书我只能约略地提一下。本杰明·贡斯当①写过一部篇幅不长的长篇小说,名为《阿道尔夫》。大多数作家习惯写爱情的产生,贡斯当却相反,他以罕见的有力笔调描写了爱情的衰退。这部作品是对人性的一种真实记录。

《三个火枪手》②是一部出色的传奇小说。或许,它算不上是真

大仲马

---

① 本杰明·贡斯当,18世纪末、19世纪初法国政治思想家、作家。
② 《三个火枪手》,大仲马的作品,他最出名的小说是《基度山伯爵》。

正的文学作品,人物都是粗线条的,结构又很松散,但它却很有吸引力;而这一点,我必须指出,对小说家来说恰恰是最重要的。

至于阿那托尔·法朗士①,他虽则没有多大才气,但风格很优美,这种风格在一本名叫《珍珠贝盒》的短篇小说集里发挥得最为出色。他一度被人过分推崇,现在却又被人过分冷落。

---

① 阿那托尔·法朗士,20世纪初法国小说家,曾获诺贝尔文学奖。

普鲁斯特的《追忆似水年华》

最后我要指出的是,就在我们这个时代,法国产生了一位堪与历代大师媲美的伟大小说家。那就是马塞尔·普鲁斯特。他的作品已有英译本而且译文非常完美,在我看过的所有翻译作品中,我觉得只有这个译本没有使原文有所减色。

普鲁斯特一生只写了一部长篇小说①,但这部长篇小说却长达七卷。这部洋洋巨著一出版就让人惊叹不止,对它的颂扬也到了失去理智的地步。我自己就曾说过,我宁愿读普鲁斯特读得厌烦,也不愿读其他作家的作品来解闷。但是,重读这部作品,我们大多数人的态度也许会变得比较清醒:普鲁斯特其实经常重复,他的自我剖析也过于烦琐,对妒忌心理的分析冗长而乏味,即使最

---

① 即《追忆似水年华》。

有耐心的读者最后也不免生厌。但是,尽管如此,他的优点还是远远超过他的缺点。他是个具有独创精神的伟大作家。他的观察细致入微,他的创造力和心理透视力无与伦比,但我相信,他在未来将作为一个卓越的幽默作家而受人称颂。

普鲁斯特

因此,我劝你在读这部大作时,虽然有许多枯燥的地方完全可以跳过去不读,但是那些描写万杜兰夫人和夏吕男爵的文字却千万不能遗漏。这是两个刻画得最淋漓尽致的喜剧人物,是我们这个时代不多见的。

希望我推荐的书使你感兴趣

顺便提一下,我在这两篇文章中为你们推荐了好几本书,虽然我对每本书所说的话并不多,但都是赞美之词,因为我若认为这些书没有多方面的价值,我是不会推荐它们的。我还谈到有些书的作者,对此我觉得自己好像有点可笑;我就像是在竞选下院议员似的①,竭力讨好选民,所以时而摸摸简·奥斯丁的下巴,时而拍拍歌德的头,时而又向陀思妥耶夫斯基挥挥手。但我只能这么做。如果仅仅开列一张书单,你肯定会觉得很枯燥,因而我在有限的篇幅里尽可能地对我推荐的书略加评论,为的就是要使你对它们感兴趣。

好了,我现在只能希望这些书——就是其中一本也好——既能给你教益,又能给你乐趣;希望你读过

---

① 英国议会分上下两院,上院议员由王室推荐,下院议员由民众选出。

之后像我一样,觉得自己没有浪费时间。如果真能这样,如果你觉得没有白读,那么,我的这两篇文章也就没有白写。

第三篇
美国文学

我为《周末夜读》杂志写的两篇推荐英国文学名著和欧洲大陆文学名著的文章刊出后,许多读者写信给杂志社,希望我再写一篇推荐美国文学名著的文章。杂志社慎重考虑之后把读者的信转给了我。我回复说,这篇文章最好还是请一位美国作家来写。但是,这显然不是读者希望的,杂志社坚持要我来写;于是,我就不无顾虑地答应了。

我想谈的是最富有美国特性的作家

我必须有言在先,虽然我读过许多美国书——实际上,我不到十岁就一边笑一边读《阿狄莫斯的书》①和《海伦的小娃娃》②了——但我并不想装得好像和一个喜欢看书的美国人一样,已经把该读的美国书都读过了。我没有必要把那些书都读一遍。我是随便读读的。每个国家都有不少只有本国人感兴趣的书,外国人去读是不合适的;譬如,我就觉得没有必要去读乔纳森·爱德华兹③的书,而像《里默大叔》④里的美国方言,也不是我能完全弄懂的。所以,我绝不认为我是在发表权威性意见;我只是谈谈我的看法;而且我还得承认,这是一个英国人根据他本国的观点读了一些美国书之后的看法,因此是不免

---

① 《阿狄莫斯的书》,19世纪早期美国幽默作家布朗的作品。
② 《海伦的小娃娃》,18世纪后期美国作家哈伯顿的作品。
③ 乔纳森·爱德华兹,美国早期宗教作家。
④ 《里默大叔》,19世美国作家哈里斯的作品。

有偏见的。我知道我的有些看法并不符合美国评论界的权威观点，很可能会受到指责。

我想谈的是美国文学中那些最富有美国特性的作家，至于那些明显受英国文学影响的作家，我不感兴趣。一本美国书，要我感兴趣就得有美国味。对于那些我将谈到的书，我当然不可能说出连美国人也没听说过的新鲜话来，但是我相信，我能给非美国人（包括我们英国人）开一张书单，使他们对美国的"美国特性"有个概念，从而了解是哪些东西影响了这个国家的国民性，以便他们往后和这个国家的人有更好的交往。

我认为畅销书不一定是杰作

我只想谈一些经典的文学名著。我对当代作品一概不提,这一方面是因为我对此不太熟悉,另一方面是因为在最近五十年来出现的大量作品中哪些将被证明是有永久价值的或者是有代表性的,目前还说不上来①。

和有些批评家的看法不同,我认为不能因为某一本书读者多,成了畅销书,就说它没有价值;《大卫·科波菲尔》《高老头》和《战争与和平》都曾是畅销书。但也不能因为畅销,就说某一本书一定是杰作;一本书受人欢迎可能有许多原因,如果这些原因一旦不复存在,这本书也就没人读了。对于畅销书,我的做法是,在它出版后的两三年内决不去读它;因为两三年后我会惊喜地发现,许多轰动一时的书已不再需要我费神去读了。

---

① 基于这一原因,毛姆没有提到当时已经出名的一些美国现代作家的名字,如海明威、福克纳等,而这些作家的作品,后来"被证明是有永久价值的"。

我坚决主张为娱乐而读书

我在这里必须再次强调，我坚决主张为娱乐而读书。不应该把读书当作一项任务；读书是一种乐趣，是人生所能给予的最大乐趣之一。如果我在下面谈到的那些书不能使你感动，或者不能使你感兴趣，那你就完全没有必要去读。

我在动手写这篇文章时确实就是这么想的，否则的话，我就不敢下笔了，因为我要谈到的那些问题并不是我十分精通的。我知道我在这方面的知识不够，所以在收集资料的同时，还读了两三本有权威性的美国文学史。我本想把自己的看法和那些最权威的观点比较一下，以便在发现他们的观点和我的看法不一致时，是否可以考虑修正我的看法。

然而，我却不无惊异地发现，他们谈论的尽是些我认为和文学本身毫不相干的问题。他们大谈特谈某个作家写作时的社会条件和影响他写作的政治环境；他们的评述很有趣，见解也无疑是正确的；他们讨论某个作家对当时重大社会问题的看法，探讨他的思想的哲学意义，等等。但是，对于他的风格，他们好像认为是不必多谈的；对于他的作品结构、写法以及塑造人物的手法，他们也都不大在意；而对于他的作品的可读性如何，他们根本就只字不提。

在我看来，这些一本正经的先生一点也没有注意到，书是可以为娱乐而读的，没有注意到文学是一种艺术。然而，文学恰恰是一种艺术。它不是哲学，不是科学，不是社会经济学，也不是政治。它是一种艺术。艺术是为人提供娱乐的。

美国没有天才作家，但有不少优秀作品

在我开始谈那些美国书之前，我还有一句话要说：你千万不要指望它们会像我在前面谈到的那些书一样振奋人心。虽然天才一词现在用得很滥，但我仍然不愿把它随便用在一个写了三四个成功的剧本或者两三部成功的小说的人身上；我认为天才是非常罕见的，所以在我下面将要谈到的所有作家中，没有一个配得上这一称号。

在美国作家当中，有的很有才华，有的却不太有才华。他们大多需要克服重重困难；不管他们自己是否意识到，为了创造一个国家的文学，他们必须摆脱由教育和社会偏见加在他们身上的束缚，摆脱外国影响的束缚，开辟出一条新路来；他们生活在一个新的国家里，这个国家的文化还刚刚在形成，有许多重要的实际问题需要解决，因此艺术必然不受重视。我们知道，他们中有些人忍受不了这样的环境，就逃到欧洲来了，因为这些人认为欧洲的环境比较适合于艺术。明智的人留了下来，这些人如果条件再有利一些，原是可以创作出更完美的作品来的。不过，尽管障碍重重，他们还是难能可贵地写出了不少优秀作品，这说明他们确实富有精神活力，富有扎实的才能。

美国文学的历史还不到一百年，对它应该公正一点。请你想一想，如果在英国文学中去掉整个十八世纪——且不谈乔叟①和莎士比亚，还有十七世纪的那些伟大的诗人和散文家——只要我们没有了蒲柏，没有了斯威夫特，没有了菲尔丁，没有了约翰逊博士，没有了包斯威尔，英国文学就不可能像现在这样成为英国精神的不朽象征。

---

① 乔叟，14世纪英国诗人，被誉为"英国诗歌之父"，《坎雷伯雷故事集》为其传世之作。

富兰克林的《自传》

富兰克林

不过,我还是要从一本十八世纪的书开始谈起。美国文学史上提到的自传寥寥无几,但其中的一本,也就是本杰明·富兰克林①的《自传》,却写得极为有趣。它以质朴的英语写成,流畅可读,就如作者自身的为人。

我们知道,富兰克林深受英国语言大师的熏陶;他的《自传》不仅叙述得很流畅,还成功地为自己描绘了一幅既生动又真实可信的肖像。但我不明白,为什么在美国一提到

---

① 本杰明·富兰克林,18世纪美国政治家(美国独立战争时期重要领导人之一)、物理学家、作家、慈善家。

富兰克林,人们就有轻蔑之意①。他们对他吹毛求疵,说他的箴言其实是常识,他的理想其实很平庸。

确实,富兰克林不是浪漫主义者,但他精明而勤奋,是个出色的实干家。他为他的同胞谋福利,同时头脑也很清醒,决不让他的同胞来欺骗他,而是非常机敏地利用他们的弱点来达到自己的目的。他的动机有时确实很自私,但有时也很大公无私。在生活中,他讲究个人享受,同时对种种不幸也能坦然处之。他很仗义,也很慷慨,是个够朋友的人;他谈吐机智泼辣;他喜欢喝酒,也喜欢女人,甚至有点放荡,常找女人寻欢作乐。他是个多才多艺的人。他活得很潇洒,从不虚度时光。他为他的国家、他的州县和他的城镇都做过不少好事。

我觉得,就像约翰逊博士②是个典型的英国人一样,富兰克林是个典型的美国人。那么,为什么他的同胞们会对他没有好感呢?我常这样自问,而且想来想去只想出一种解释:也许是因为他从不虚伪。

---

① 美国有不少人对富兰克林一直颇有微词,主要原因是富兰克林并不虔诚信教(如后文提到的秘密结婚),尽管他的头像印在一百美元钞票上(一美元钞票上印的是华盛顿头像,以此排序,钞票值越大,印有头像的人名声越小。一百美元是最大值,意思就是富兰克林的名声在这几个伟人中是最小的)。

② 约翰逊博士,塞缪尔·约翰逊,18世纪英国评论家、散文家、词典编纂家。

十九世纪三位最杰出的美国作家

现在让我们直接进入十九世纪。这一百年间,最杰出的作家是赫尔曼·麦尔维尔、艾德加·爱伦·坡和瓦尔特·惠特曼。要是只允许我说出三个最有才华的美国作家,我会毫不犹豫地选择这三个名字。不过,我要暂时把他们搁一搁。因为,我再说一遍,我写这篇文章的主要目的,也是你的兴趣所在,是要尽我有限的知识和篇幅谈谈美国文学中的美国特点,所以我不想按年代顺序来谈。

还得加上一句,为了避免冗长啰唆,我将只谈那些我有充分理由认为应该读一读的书。那些书谁都不能不读;任何有教养的人读了它们,一定会觉得趣味无穷,受益匪浅。

霍桑的《红字》

然而,我不得不承认,为写这篇文章我把《红字》重读一遍之后,却觉得所得教益和乐趣都很有限。我想,实事求是总没有坏处,所以我坦率地对你说,就在最近的四十年间,美国至少出现了五到六个才华远胜过霍桑的小说家,只是出于成见以及这些小说家还活着的缘故,我们才不承认这一点。

尽管如此,《红字》毕竟是很有名的,我想每个读过些书的美国人肯定都读过这部传奇小说。我觉得,小说的序言"海关",比小说本身读起来更有意思,因为它写得轻松幽默,很有吸引力。一部小说,首先要让人觉得可信;如果你本能地觉得人物的行为举止不合常理,那么这部小说就完蛋了,小说家也完蛋了。霍桑在《红字》的开头部分就面临这样一个难题;他得找到理由,让人相信那个随便去哪儿都可以的海丝特·白兰①为什么偏要留在那个使她备受羞辱的地方；当然，他可以把这归因于她对亚瑟·丁姆斯代尔的爱情，是强烈的爱情使她宁愿含羞忍辱留在那个地方的。但是，他却没有解决另一个更大的难题，因为他要是解决了这个难题，他的小说也就不会是现在这样子了。清教徒是虔诚的，同时也是很现实的，对于男女之间的事情，他们不会不懂：天上的鸟是不会使女人怀孕的，只有男人才会，这一点海丝特是理应知道的。既然怀孕了，她又为什么不到远些的地方去把孩子秘密地生下来？这让人无法相信。如果说，是因为情人相爱而舍不得分离，那么，既然他们后来能很容易地乘船返回欧洲，为什么在情况如此严重的时候反而会想不到走这条路呢？真是令人费解。他们也许不知道罗格·齐灵渥斯②已经死了，否则的话，他们就会像一个世纪后的本杰明·富兰克林和可敬的里德小姐那样按习惯法结婚③。

霍桑没有塑造生动的人物形象的天赋；罗格·齐灵渥斯简直不是一个活人，而是邪恶和狠毒的堆砌物；海丝特不过是一尊精美的雕像；丁姆斯代尔牧师也是死气沉

---

① 海丝特·白兰，《红字》女主人公，即脸上被烙上红色 A 字的女人。
② 罗格·齐灵渥斯，《红字》中的人物，海丝特·白兰的丈夫。
③ 富兰克林和里德小姐于 1730 年按习惯法结婚，即不举行宗教仪式，过婚姻生活。这在当时的美国，是惊世骇俗的。

沉的,只有当他和海丝特最后决定私奔之际,在他急切地想知道船究竟在什么时候起航时,才开始显示出一点生气。他已经为自己的当选写好了布道的讲稿,很不愿意放弃。在这里,霍桑对人性作了非常精彩的刻画。

我要你读《红字》,不是去欣赏它的故事,而是要欣赏它

霍　桑

的深刻动人的文笔。霍桑的文笔是以十八世纪英国的伟大作家为楷模的;譬如像"他的仁慈之心不能容忍从蝴蝶翅膀上抹下一些粉末",很像出自斯特恩之手,斯特恩见了一定会大加赞赏。霍桑有敏锐的耳朵[①],又善于遣词造句。他能把一个句子写得长达半页,从句层叠,但结构匀整,就如水晶般明晰,而且读来铿锵有力。他能写得精美而多变。他的散文就像哥特式织锦一样精致而华丽,但他的审美观又很有节制,从不流于浮华或者夸张。他的隐喻意味深长,明喻则恰到好处,他的用词也完全符合他的题材。文学的风尚随时代而变,很

---

① 意为很懂得语音的作用。

可能今天流行的粗俗文风今后会不再流行,很可能读者会重新喜欢典雅的文风;届时,作家们也就会纷纷向霍桑学习如何写好一个较长的句子,如何写得既庄重又明快,如何使文句读上去富有韵味而又不显得做作。

梭罗的《瓦尔登湖》

霍桑属于文学史家所谓的"康科德派"①,而这一派的主要成员是爱默生和梭罗,所以我似乎也应该谈谈这两个作家。

《瓦尔登湖》②的好坏,要看读者的口味而定。我读这本书时,既不觉得厌烦,也不觉得兴奋。这本书写得很流畅,文笔轻松文雅,而不是一本正经的。不过,如果我被大雪困在荒无人烟的美国西部草原上,身边只有一头不会说话的牲口,而我在避雪的小木棚里发现的一本书恰恰是梭罗的《瓦尔登湖》的话,我会感到万分沮丧。写这种书是需要有充沛的精力、独特的经验和大量的冷僻

---

① "康科德派",康科德是波士顿附近的一个小镇,因爱默生住在那里,所以评论家常常把当时追随爱默生的一群作家称为"康科德派"。"康科德派"也称"超验主义派",超验主义的思想宗旨类似于欧洲的浪漫主义。

② 《瓦尔登湖》,梭罗的一部散文作品,讲述他在瓦尔登湖畔的隐居生活。

学问的,而梭罗这个人却生性懒散,生活经验和生活知识都很有限,书虽读过不少,但读的都是些过了时的旧书。我觉得他缺乏激情,所以他尽管大胆使用了这样的主题,却没有从中生发出深刻的含义。他发现了一个"知足常乐"的秘密,说如果你没有多大追求,就无需付出多大代价,也就容易满足。这些我们早就听说过了。

梭 罗

霍桑说:"你若能习惯于跟一些和你不同的人相处,由于他们无视你所追求的东西,你就不得不放下自己所关心的一切而去了解他们的生活和他们的才能,这对于你的道德修养和知性健康来说都是很有益的。"这话说得有道理,写书的人尤其应该铭记在心。

爱默生的《论文集》和《英国人的性格》

和梭罗相比，爱默生的地位当然要高得多。多年前，我在科摩湖①畔碰到一个金发女人，就是她使我开始读爱默生的。在我们的旅游途中，她身边一直带着一本爱默生的《论文集》，其中她认为重要的句子和段落还用蓝色铅笔（也许是为了和她眼睛的颜色相一致）划了出来，每页至少有两三处。她告诉我说，她从爱默生那里得到莫大的安慰，说她在生活中一遇到难题或者不幸，便求助于他，而且总能如愿以偿。

多年后，我在夏威夷又碰到她。她热情地叫我到她在那儿临时租下的寓所里去共进午餐。她本来就很有钱，自从我们上次相遇后，她身份也提高了，因为她丈夫

---

① 科摩湖，意大利第三大湖，旅游胜地。

封了爵位，她成了贵族夫人。她接待我时穿着一身卡洛服装（卡洛姐妹是巴黎最时髦的服装设计师），戴着一条价值至少五万英镑的珍珠项链，脚上却不穿鞋袜。"你看，"她指指她那双赤着的脚说，"我在这里过着简朴的生活。"但我看到她两只脚的脚趾都很肿胀①。这时，一个穿得像明朝皇帝似的中国管家为我们端来了一大盘各种各样的鸡尾酒。我问她是不是还在读爱默生。她赶紧从桌子上抓起一本书，按在她平坦干瘪的胸口上，对我说，是呀！她无论到哪里都一直读爱默生的这本《论文集》。她挥了挥戴着珠宝的手，指着窗外的大海说，要是不读爱默生，她也就不可能真正领略到太平洋的伟大精神意义。

不久前，这个女人已寿终正寝；但她至死都是爱默生的忠实信徒。她把她的游艇和藏书全都遗赠给了她的一个情夫，也算是她晚年的另一种安慰。只是，她没有给那个情夫留下足够的钱来维持那艘游艇，于是他就把

爱默生

---

① 脚趾肿胀通常是少走路引起的。

它卖了。至于那些旧书,是换不到几个钱的,他可能还保存着。如果真是这样,我希望他能知道,他那位已故贵夫人曾从爱默生的书里得到过不少安慰。

然而,我得承认,我从爱默生的书里却从来没有得到过什么安慰。我不想对这位被他的同胞引以为荣的作家说大不敬的话;我承认,他的性格很有魅力,而且很仁慈;你读他的日记,不能不钦佩他从小就有深邃的思想,钦佩他竟能把自己的思想表达得那么流畅。他是个演说家,他是为了在讲台上演说而写作的,但他当年演说时的那种风度和语调,在书页上已经领略不到了。尽管如此,我还是只能说老实话,我在他那些著名的散文中甚至都没有得到多大的教益或者乐趣。有许多地方,他几乎可以说还很陈腐。他有使用华丽词藻的天赋,但往往华而不实。他就像一个动作敏捷的滑冰运动员,在一片陈词滥调的冰面上滑来滑去,竟然在那上面画出了一幅幅令人眼花缭乱的图案。他要不是那么一个绅士,倒有可能成为一个更好的作家。

那么,人们自然会好奇地问,又是什么使爱默生成为一个著名作家的呢?他在世界文坛上也占有重要地位,这又是为何呢?为此,我劝你读一读他的《英国人的性格》一书。在这本书里,由于他不得不写到许多具体事物,也就不像在《论文集》里那样容易被一些空洞无物的所谓"思想"所框住;这本书比他的其他所有的书都写得更加生动、更加贴切,也更加有趣。读这本书,我才确确实实觉得是一种享受。

爱伦·坡的诗歌和短篇小说

也许,美国人对"康科德派"作家的重视是外国人无法理解的。作为外国人,我们只好把其余的"康科德派"作家都忽略掉,去看看别的作家。

艾德加·爱伦·坡的情况正好和爱默生相反,他在欧洲其实比在本国更受尊敬。譬如,他在法国文学界的影响至今还很大。也许是因为他的品性和为人不那么高尚①,他的同胞才没有给予他应有的尊敬。然而,作家的品性和为人是和读者无关的;读者关心的只是他的作品。爱伦·坡的诗歌非常优美,是美国历史上前所未有的。他的诗歌就像威尼斯画派的有些画,以一种意想不到的美使你惊心动魄。你读着他的诗歌,只觉得感官得到了满足,也就不去管它到底有没有激发你的想象力了。它

---

① 爱伦·坡是个酒鬼,还有行骗嫌疑。

给你的就是纯粹的美,无与伦比的美。

除了是诗人,爱伦·坡还是一个目光敏锐的评论家,尤其是他对短篇小说的看法,长期以来一直是后世小说家的座右铭。至于他自己写的那些小说,也是出类拔萃的。不用我说,你也知道,他的《金甲虫》和那位杜宾先生的故事开了侦探小说的先河,结果是世界上出现许许多多这种我们大家都喜欢看的书。现在已经有许多作家在侦探小说这片园地里耕耘,他们尽管各显神通,却没有一个人在爱伦·坡最初开垦出来的这片园地之外开垦出新田地来。爱伦·坡的恐怖小说和神秘小说或许得到过霍夫曼①和巴尔扎克②的启发,但他是个最自觉的艺术家,他的作品出色地达到他自己预期的效果。凭着这些作品,他也得到了应有的名声。

爱伦·坡的文笔是浮夸的,他喜欢使用浪漫的修饰和夸张的对话,就像他笔下的人物一样纯属虚构;他的题材也很褊狭;但你必须容忍这些,因为他给我们的是当时世上独一无二的东西。他写得很少,写出来却几乎篇篇趣味无穷。只是,他的作品没有特殊的美国

---

① 霍夫曼,18世纪末、19世纪初德国小说家,以志怪小说闻名。
② 巴尔扎克的长篇小说(他以此而出名)都是写实的,但他的中短篇小说中有一些是写神秘事件的。

味，无论是在他散文中，还是在他的诗歌中，我都找不到什么东西是英国作家不可能写出来的。所以，我们如果想在美国文学中寻找有美国乡土气的作品，还得到别处去找。

亨利·詹姆斯的《美国人》

不过,在此之前我得先谈谈一个故意回避美国背景的作家——亨利·詹姆斯①。他不是美国最伟大的作家,但确实是最出名的作家之一。他才华卓著;可惜的是,他性格上的某种缺点使他的才华没能得到充分发挥。他有幽默感,有洞察力,感觉细腻,又有戏剧感;但是,他平庸的灵魂使他对死亡的恐惧和生命的神秘感到困惑。他观察事物的表面极其敏锐,却不能看透事物的底蕴。

亨利·詹姆斯把他的《奉使记》视为自己最好的长篇小说;最近我重读了一遍,颇为它的空洞感到惊讶。小说

---

① 亨利·詹姆斯出生在美国,但长期居住在伦敦和巴黎,其作品也大多以欧洲为背景,即写生活在欧洲的美国人。这里,毛姆背离了他前面的说法,他说他"对当代作品一概不提",而亨利·詹姆斯的小说恰恰是当代作品;而且,毛姆还认识亨利·詹姆斯。也许,亨利·詹姆斯的小说大多是在英国出版的,而毛姆说的"当代作品",是指当时在美国出版的作品——可见,他对美国当代文学不屑一顾。

使用的那种迂回曲折的文体使人厌烦;人物的语言没有表现出人物的个性,似乎每个人说的话都是千篇一律的,都是亨利·詹姆斯自己的语言;唯一的一个比较有趣的人物是纽萨姆太太,但她却始终没有出场;斯特雷切尔则是个愚蠢的老太婆,专爱打听别人的隐私。幸亏亨利·詹姆

亨利·詹姆斯

斯有讲故事的才能,能使读者急于想知道下文如何,再加上他对巴黎的春天和夏天的那种宜人景色的描绘(我从未见过这样精彩的描绘),读者才跟着他一页一页地读下去——这是小说家最重要的才能,否则的话,这部小说简直令人难以卒读。我还是比较喜欢他的另一部长篇小说——《美国人》。

《美国人》写得明快而优美,或许用词稍嫌陈旧(譬如,不说人们"走了",而说"辞别";不说"回家",而说"回府";不说"上床睡觉",而说"就寝")。不过,这可以使人感受到一种历史气息,倒也不是全然不可取的。

这部小说的奇特之处在于它讲的是一个没有爱情的爱情故事。克里斯托弗·纽曼娶德·桑特雷女士为妻,

本来就只是为了让他的几个孩子有一个母亲,使餐桌有一个女主人,从而给家庭增添一点光彩,所以当他们的婚姻破裂时,他内心并不痛苦,只是觉得丢了面子。

小说里的人物都不是真实的人,男的就像一件塞满填料的衬衫,女的就像一条撑在裙架上的裙子。桑特雷女士尽管妩媚动人、温文尔雅,却纯粹是个俗套人物,让人觉得不是自然的写生,而是作者悉心研读巴尔扎克的小说后从中移植过来的。然而,巴尔扎克能把自己的激情赋予哪怕是最俗套的人物;亨利·詹姆斯却毫无激情,因而这个人物只能像《妇女杂志》上的时装模特儿一样了无生气。那个美国人纽曼是个西部开拓者,按照故事里的那个特定历史时期,他很可能到加利福尼亚去淘过金,但是亨利·詹姆斯对他所要描写的人物好像太不了解,以至于从表面上看这个人物也是不近情理的。无论在圣路易的赌场里,还是在旧金山海滨,纽曼都不大可能学会写那种文雅的书信。我觉得,亨利·詹姆斯是被自己的人物愚弄了;贵族贝尔加德家拒绝与纽曼联姻,也不是因为纽曼的财产是靠做生意挣来的,而是因为他们及时发现了他原来是哈佛大学的一个英文助理讲师。

尽管如此,《美国人》还是值得一读的。亨利·詹姆斯讲故事的才能确实高明,故事中的悬念设计确实奇妙,对戏剧场面的运用也确实娴熟而自如,所以他自始至终都能把你吸引住。小说情节就像侦探小说一样扣人心弦,甚至比侦探小说还要玄乎;此外,你也不时会感受到作者的那种和蔼、文雅、富有教养的性格魅力。《美国人》不是伟大的小说,但读起来非常有味:一部六十年前出版的小说还能这样,真是不可多得。

麦尔维尔的《白鲸》

现在我要谈一部伟大的小说，那就是《白鲸》。

我在南洋群岛时，一度津津有味地读过麦尔维尔的南洋小说《奥穆》和《泰比》，但后来再没有想要重读。至于《比埃尔》，我根本就没有读，因为我听一些有见识的批评家说，麦尔维尔写这本书时精力不济，所以写得一塌糊涂。

然而，就凭《白鲸》，也足以使任何作家成名。有些批评家说小说的文笔过于夸张，我却认为这正适合小说的题材。夸张手法是得失无凭的；使用得当，可以出神入化，使用不当，则会荒诞不经。我得承认，麦尔维尔有时确实流于荒诞；但要一个人始终在高空行走是不可能的。只要想一想他那些最好的章节写得何等苍劲有力、何等简洁明快，那么对他的偶尔失足也就不会计较了。

有好几章，譬如关于图书馆所藏文物的掌故和详述鲸鱼历史的那几章,我觉得是多余的。麦尔维尔显然是想炫耀一下自己的渊博知识。但是,对一个有杰出才华的作家,你得允许他有怪癖。荷马也有打盹的时候,"智者千虑,必有一失",莎士比亚有时也会洋洋洒洒地写出一大段废话。

麦尔维尔对新贝德福德①风光的描写,对事件的叙述,以及对人物的刻画——尤其是对那个可怕的人物艾哈伯的刻画,确实不同凡响。这里有一种惊悸、一种神秘、一种征兆、一种激情,它显示出人生的凶险、命运的不可抗拒以及邪恶的无处不在,而所有这一切都使你凝神屏息、瞠目结舌。你被震倒在地,然而你又觉得仿佛高高地升到了空中,有一种奇异的感觉。如果你是个作家,当你把自己所从事的艺术提升到了如此高度,对人的心灵、人的思想和感情产生了如此重大的影响时,你一定会觉得无比自豪。

麦尔维尔

尽管麦尔维尔的这部小说一开始写到了新贝德福德,

---

① 新贝德福德,美国东海岸一地名。

后来的故事也是发生在一艘美国捕鲸船上的,然而我在小说中却找不到我想寻找的那种特殊的、因而是可贵的美国乡土气息。他的教养是欧洲教养;他的文风给你的印象也是十七世纪英国散文家的那种文风。他笔下的人物——至少是主要人物——虽然都是美国人,但他们只是表面上的美国人。他们比任何真实的人都要高大,确实不属于世界上任何国家,而属于一个令人望而生畏的奇异国度,那里同时还有类似陀思妥耶夫斯基小说中和《呼啸山庄》[①]中的那种心情烦躁、相互折磨的人物。

---

① 《呼啸山庄》,19世纪英国女作家艾米莉·勃朗特的长篇小说。

马克·吐温的《哈克贝利·费恩历险记》

要想说清楚美国乡土气息究竟是什么,这本来就不容易,而我的篇幅又很有限,所以更加不可能了。在文学中,乡土气息是指这样一种特点,它使一个国家的作品有别于另一个国家的作品,使人一眼就能看出,这样的作品只能在这样一个国家里产生出来。

让我举一个很好的例子来加以说明。在马克·吐温的作品中,譬如在他的《哈克贝利·费恩历险记》中,你就能很明显地感受到极其浓郁的而且是极为典型的美国乡土气息。《哈克贝利·费恩历险记》是马克·吐温最好的作品,一部真正的杰作。

马克·吐温

在马克·吐温生前，人们只把他看作幽默作家，读他的作品只是为了消遣，而当时的权威批评家对幽默作家往往是不屑一顾的。然而，在他去世之后，人们对他的态度就变了，我想他现在已是一致公认的美国最伟大的作家之一。这无需我多说。我只想指出一点，当马克·吐温想用正规的文学语言来写作时，他写出来的东西（如《密西西比河上》）往往只是些干巴巴的新闻报道；而当他写《哈克贝利·费恩历险记》时，他却聪明地想到了用主人公自己的口气来写，于是就开了美国方言文学的先河，而就是这种方言文学，现已证明是当今许多最典型的、最优秀的美国作家汲取灵感的源泉。马克·吐温向他们表明，从十七或者十八世纪的英国作家那里是找不到生动的文学语言的，只有到本国人民的语言中去找。

然而，如果认为哈克贝利·费恩所说的那种语言，就如画家所谓的"写真"，就是方言本身，那也是愚蠢的。一个未受过教育的孩子是绝不可能说出那么干净利落的词句的，也不可能出口就有那么恰当的措词。很可能，马克·吐温觉得，如果使用方言直接用第一人称叙述，会有损文学的尊严，所以他采用了这种表现方法，让我们觉得这种语言是他的小主人公的真实语言，而当我们很乐意地接受了这种语言时，他也就使美国文学从长期的束缚中解脱了出来。

《哈克贝利·费恩历险记》以其多变而惊人的奇妙构想,以其充沛的活力和饱满的热情,继承了"流浪汉小说"的伟大传统,而且足以和这一传统中两大杰作即《吉尔·布拉斯》①和《汤姆·琼斯》②相媲美;可惜的是,马克·吐温把那个讨厌的小笨蛋汤姆·索耶③引了进来,破坏了小说的最后几章;否则的话,这部作品真可以说是无懈可击了。

---

① 《吉尔·布拉斯》,18世纪法国小说家勒萨日的长篇小说。
② 《汤姆·琼斯》,18世纪英国小说家菲尔丁的长篇小说。
③ 汤姆·索耶是马克·吐温早先写的《汤姆·索耶历险记》中的主人公,一个顽童,后又出现在《哈克贝利·费恩历险记》行将结束的时候,他明知道黑奴孩子吉姆已获自由,还自导了一场劫狱,目的是寻求刺激。有评论家认为,汤姆·索耶的出现抢了主人公哈克贝利·费恩的戏,是一败笔。

帕克曼的《俄勒冈的小路》

给我的篇幅现在已不多了,所以关于《俄勒冈的小路》①我只能简单提一下。帕克曼作那次旅行时迄今还不到一百年,那时草原上有成千上万的野牛,还有心怀敌意的印第安人,处处有危险需要防备。他很勇敢,也很坚毅,还有一种沉静的幽默感;他就是以这样的性格,以荒野为题材,写了一本从头到尾都很有趣的书。这本书确实很好,如求全责备的话,就是文采稍差一点。

---

① 《俄勒冈的小路》,19世纪美国作家帕克曼的历险小说。

艾米莉·狄金森的诗歌

关于艾米莉·狄金森①,我也得说上几句。在我看来,她不配受到那么高的赞誉。

我这么说,大概许多人会觉得不高兴。她被推崇为伟大的"美国诗人",然而诗和国籍是无关的。诗人生活在天界里,不属于任何国家。我们说荷马,何尝把他称作伟大的"希腊诗人",或者说但丁,何尝把他说成伟大的"意大利诗人"?这样说的话,只会贬低他们。

我们也不应该让一个诗人的个人经历来影响我们的判断。艾米莉·狄金森有一段不幸的恋爱经历,长年孤独隐居;爱伦·坡酗酒,常常忘恩负义,但这并不会使前者的诗好一些,后者的诗差一些。

读艾米莉·狄金森的诗,最好还是读她的诗选,因为

---

① 艾米莉·狄金森,19世纪美国女诗人,生前不为人知,去世后家人将其遗作发表,名声大作。

那些经过挑选的诗最能显出她的机智、辛辣和质朴。她的诗选大多选得太少,如果多选几首的话,内容会丰富不少,但是你若去读她的全集,则很可能会大失所望。她在自由唱歌时,节奏协调而且转换灵活,用词贴切,感情真挚,新奇的意境层出不穷,这时她写出来的诗最精彩。可惜她并不经常处于这种最佳状态。

艾米莉·狄金森

就像艾默琳·格兰杰福德小姐①一样,艾米莉·狄金森也胡乱地写诗。在形式上,她又非常刻板,老是用四行一节的旧格律或者民歌格律。这种形式本身就有局限,而到了她手里更见局促,因为她的耳朵不灵②,语言也难得简练,很不适用这种格律。她的性格和思想很复杂,因此往往为了说得"思想深刻"而不惜牺牲优美的抒情。她也写讽刺短诗,这需要一针见血,但她刺下去的针头却往往偏离目标。她有天赋,但天赋不大,有人硬说她有多大

---

① 艾默琳·格兰杰福德小姐,马克·吐温《哈克贝利·费恩历险记》中的人物。
② 即不懂音韵。

的才华，而在她作品中却显不出多少，这样名不副实，常使读者困惑不解。

诗歌是文学的王冠，我们有权要求王冠上的珍珠不能是人工培养的，宝石也不能是重新打磨过的。美国将产生一大批新诗人（我认为实际上已经产生），他们将使那些硬堆在艾米莉·狄金森身上的赞美之辞更显得浮夸不实。

惠特曼的《草叶集》

现在只剩下瓦尔特·惠特曼了。我把他留到最后，因为在他的《草叶集》①中，我们终于找到了我们一直在寻求的、真正摆脱了欧洲影响的、纯粹的、地道的美国特性。

《草叶集》虽是一部极其重要的作品，但我不得不告诉你，很少有像惠特曼这样不平衡的大诗人。因为我一开始就提醒过你，我劝你读的书，不管其他方面有什么优点，必须是读起来非常有趣的。有不少书，读者读过后之所以会大失所望，我觉得就是因为批评家把它们说得太好了。世界上没有十全十美的东西，一般说来，有缺点的东西才有优点。书也一样，读者最好是知道自己从中可以指望获得什么，否则的话，一旦发现自己的所获远不如

---

① 惠特曼诗歌总集的名称。

批评家说得那么多，很可能会错误地认为自己没有能力欣赏某些东西，而事实上，这些东西根本就不存在。

惠特曼的诗，开始部分都写得非常好，但不知是因为他觉得写诗是件很容易的事呢，还是因为他天生喜欢唠唠叨叨，他常常会没完没了地往下写；其实，要说的，前面都已经说过了，后面并没有写出什么新东西。对此，你必须容忍。他写的诗，有的地方模仿《圣经》的韵味，有的地方

惠特曼

模仿十七世纪的无韵诗，有的地方则模仿那种既刺耳又单调的劣等散文。对此，你也必须容忍。当然，有这些缺点是令人遗憾的，但也没有多大关系，我们可以跳过去不读。《草叶集》是一本可以随便从哪里开始读的书，你觉得有趣就往下读，觉得没趣就翻过去，随便翻到哪里都可以，然后再往下读。

惠特曼能写出既纯又美的诗，能写出震撼人心的诗句，而且往往能营造出异常动人的意境。不用我说，他是所有诗人中最具爆发力的诗人。他充满活力，充满对生活的真切感受，他感受到生活的缤纷和喧哗，感受到生活

的热情和美好,感受到生活的刺激和欢乐,这就是美国人引以为自豪的真正的美国特性。此外,他还把诗的艺术交还给了普普通通的人。他使我们看到,并不只是在月光下、在城堡的废墟上和在少女的相思之苦中才有诗,在大街上、在火车上、在轮船上;在工匠的粗活和农夫的耕耘中、在日常的劳作和休息中,都有诗。总之,在整个生活或者说在各种各样的生活中,都有诗。就像华兹华斯①曾向我们表明,写诗不一定要用诗的语言,用日常语言也照样能写诗;惠特曼向我们表明,写诗不一定要用风花雪月、生离死别,用普通人的普通生活也照样能写诗。他的诗不但不逃避现实,反而紧紧拥抱现实。要是哪个美国人读了惠特曼的诗而没有对自己国家的辽阔和富饶感到自豪,或者没有对未来充满希望,那他准是个心智愚钝的白痴。我认为,惠特曼的诗表明美国已经在文学中真正意识到了自己。这是一种具有男子气的豪放的诗,也是民主的诗;它是一个新兴国家的真正的战歌,也是一个国家的民族文学的坚实基础。

在欧洲的博物馆里,我们有时会看到人们把耶西②

---

① 华兹华斯,19世纪英国"湖畔派三诗人"之一。
② 耶西,《圣经》人物,以色列大卫王之父。

的家谱画成一棵树的样子：亚当①是这棵树的粗壮的树干,以色列的历代圣贤和帝王则是从树上长出来的一根根树枝。如果我们也想用一棵树来表示美国文学的系谱,如果我们用伸展的树枝来形容像欧·亨利、林·拉德纳、西奥多·德莱塞、辛克莱·刘易斯、威拉·卡瑟、罗伯特·弗洛斯特、范切尔·林赛、尤金·奥尼尔和埃德温·阿林顿·罗宾逊等美国作家的话,那么,傲然挺立的树干就是瓦尔特·惠特曼。

---

① 亚当,《圣经》人物,上帝造的第一个人、人类始祖。

《毛姆读书随想录》　　　[英]W.S.毛姆著
刘文荣译
定价：29.80元

　　读书是求知,还是消遣?小说家该不该讲故事?畅销书一定是好书,还是一定是坏书?狄更斯为何会写出《大卫·科波菲尔》这样感人的书?巴尔扎克是怎样一个人?这和他写《高老头》有关系吗?为什么说托尔斯泰的《战争与和平》是最伟大的小说?读哲学书、宗教书有意义吗?能让我们懂得生活吗?……如果你对这些问题感兴趣,那就听听大作家毛姆怎么说——或许,你会深受启发。

《伍尔夫读书随想录》
**　　　　[英]弗吉尼亚·伍尔夫著**
刘文荣译
定价：26元

　　怎样读小说?怎样读诗歌?读书有何价值?书里有两种女人?有没有女性莎士比亚?女性写作生来有局限?托尔斯泰的小说好在哪里?《简·爱》和《呼啸山庄》有何缺陷?……如果你对这些问题感兴趣,那就听听弗吉尼亚·伍尔夫——"20世纪最佳女作家"——如何说。

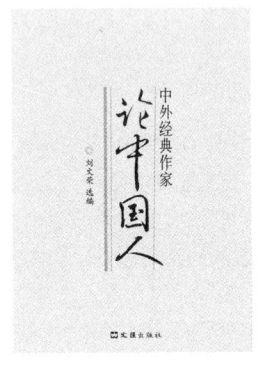

《中外经典作家论中国人》　　刘文荣选编
定价:48元

本书收集27位中外经典作家的42篇论中国人的文章,分"外国篇"和"中国篇"两个部分。"外国篇"收有康德、黑格尔、托尔斯泰等16位外国经典作家的18篇文章;"中国篇"收有梁启超、胡适、鲁迅、沈从文等11位中国经典作家的24篇文章。这些文章,较全面地反映了三百年来西方人的中国观,以及近百年来中国人的自我认识。

《经典作家谈书与读书》　　刘文荣主编
定价:25元

本书为文选,共选入中外18位经典作家的22篇谈书与读书的文章,论述精辟,风格多样,读之既获教益,又是美文欣赏。所选作家中,外国作家12位,均是历代大师,如:培根、蒙田、叔本华、爱默生等;中国作家6位,皆为近现代名家,如:梁启超、胡适、鲁迅等。

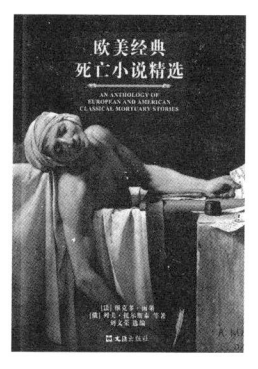

《欧美经典死亡小说精选》　　刘文荣选编
定价：35元

爱与死被认为是文学的永恒主题,更是欧美小说的常用题材,所以死亡小说和情爱小说一样引人注目。这类小说往往通过主人公临终时的心理描写,或回顾人生,或感叹人生,沉思"生之虚空,死之冷酷",读之令人感慨万千。本书所收小说均出自欧美经典作家之手,如[法]维克多·雨果的《死囚末日记》、[俄]列夫·托尔斯泰的《伊凡·伊里奇之死》等,均为脍炙人口的名作。

《欧美经典悲情小说精选》　　刘文荣选编
定价：35元

悲情小说,或写爱情悲剧,或写亲情悲剧,读之令人惆怅。令人悲伤,但惆怅、悲伤之余,又令人感悟,令人超脱,可谓高级艺术享受。